BECK · MÜLLER

Fälle und Lösungen zur StPO

Fälle und Lösungen zur StPO

für die Ausbildung in der Polizei

Hans Beck
Erster Polizeihauptkommissar a. D.

Siegfried Müller
Polizeihauptkommissar a. D.

6., aktualisierte Auflage, 2020

Bibliografische Information der Deutschen Nationalbibliothek | Die Deutsche Nationalbibliothek verzeichnet diese Publikation in der Deutschen Nationalbibliografie; detaillierte bibliografische Daten sind im Internet über www.dnb.de abrufbar.

6. Auflage, 2020
ISBN 978-3-415-06713-4

Titelfoto: benjaminnolte – stock.adobe.com | Satz: Olaf Mangold Text & Typo, 70374 Stuttgart | Druck und Bindung: Laupp & Göbel, Robert-Bosch-Straße 42, 72810 Gomaringen

Richard Boorberg Verlag GmbH & Co KG | Scharrstraße 2 | 70563 Stuttgart
Stuttgart | München | Hannover | Berlin | Weimar | Dresden
www.boorberg.de

Inhaltsverzeichnis

Vorwort zur 6. Auflage

Schon vor Jahren stellten wir fest, wie schwer sich Polizeibeamte in Ausbildung bei der Lösung von strafprozessualen Sachverhalten tun. Ursachen hierfür zu suchen ist müßiger, als den Auszubildenden ein Buch mit lebensnahen Sachverhalten einschließlich möglicher Lösungen anzubieten.

Ein entscheidender Fehler, den die angehenden Polizeibeamten immer wieder begehen, besteht darin, dass sehr häufig vom Ergebnis her begründet wird. Die Schwierigkeit einer Klausur im Verhältnis zum selbst erlebten Geschehen ist oft darauf zurückzuführen, dass in einer Klausur der gesamte Sachverhalt samt Ergebnis bekannt ist; zur Begründung einer Maßnahme dürfen indes nur diejenigen Fakten herangezogen werden, die der Polizeibeamte zum Zeitpunkt der Entscheidung wissen konnte.

In der Klausur muss sich der Prüfling also gedanklich in den Wissensstand der einschreitenden Beamten hineinversetzen können; eine Voraussetzung dafür, dass eine Klausur logisch und schlüssig begründet wird.

Sicherlich gibt es je nach Bundesland Unterschiede hinsichtlich des Schemas, nach dem Klausuren geschrieben werden. Da die Strafprozessordnung ein Bundesgesetz ist, dürften die Unterschiede jedoch gering sein. Als Anhalt hierfür haben wir in unser Buch ein Lösungsschema aufgenommen, nach dem in den Polizeischulen in Baden-Württemberg unterrichtet wird.

Mit der 6. Auflage wurde ein neuer Fall aufgenommen, der sich mit der Thematik einer rechtswidrigen Durchsuchung auseinandersetzt. Auf die jeweilige Rechtsprechung erfolgen – auf die Fallthematik bezogen – Hinweise mit den jeweiligen Fundstellen. Ferner wurden die Ausführungen zum Zufallsfund ergänzt.

Böblingen, im November 2019

Hans Beck Siegfried Müller

A. Fälle zur Identitätsfeststellung (§ 163b StPO)

Fall 1: Erschleichen von Leistungen

Sachverhalt:

Am Samstag, den 19.10.2019, 18.00 Uhr, meldet Herr Krieger, Mitarbeiter der DB, dass er für die Identitätsfeststellung eines „Schwarzfahrers" am Hauptbahnhof in Heilbronn die Polizei benötigen würde. Ein Fahrgast im Regionalexpress von Stuttgart nach Heilbronn sei nicht im Besitz einer gültigen Fahrkarte.

Als die Streife POM Flink/PMin Lustig am Ereignisort eintrifft, nennt der Schwarzfahrer eine Anschrift in Schönaich bei Böblingen, die nicht im Online-Einwohnermeldesystem (MeldIT) vermerkt ist.

Der Mann hat keinerlei Ausweise dabei. Er spricht englisch, versteht kein deutsch. POM Flink hält ihm auf Englisch den Verstoß vor und verlangt seine Personalien.

Die Person gibt der Streife gegenüber an, Roger Burden zu heißen und in einer „base" in Stuttgart-Vaihingen (Patch Barracks) als Zivilangestellter tätig zu sein.

Die Durchsuchung des angeblichen Herrn Burden und seiner mitgeführten Gegenstände nach Ausweispapieren verläuft negativ.

Da somit nicht zweifelsfrei die Identität des „Schwarzfahrers" festgestellt werden konnte, wird Herr Burden auf die Dienststelle mitgenommen.

Weil ein Verstoß gegen das Aufenthaltsgesetz nicht ausgeschlossen ist, führen die Beamten ein FAST-ID durch. Dessen Ergebnis ist negativ.

Burden schlägt vor, seine deutsche Freundin telefonisch zu kontaktieren.

Nach Rücksprache mit dessen Freundin übermittelt sie Kontoauszüge mit seinem Namen und seiner angegebenen Adresse sowie das Personaldatenblatt seines amerikanischen biometrischen Reisepasses mit Lichtbild sowie eine aktuelle Lohnabrechnung seiner „base" (Patch-Barracks, Stuttgart-Vaihingen) per Fax an das PRev. Heilbronn.

Das Lichtbild zeigt eindeutig Roger Burden. Da seine Personalien nun zweifelsfrei feststehen, wird er entlassen.

Aufgabe:

Beurteilen und begründen Sie die Rechtmäßigkeit der erfolgten Identitätsfeststellung bei Roger Burden!

Lösungsvorschlag:

1. Vorprüfung

Ein Anfangsverdacht liegt vor, wenn es aufgrund konkreter Tatsachen nach kriminalistischer Erfahrung als möglich erscheint, dass eine verfolgbare Straftat begangen wurde. Bloße Vermutungen reichen hierzu nicht aus.

Hier ergibt sich der Anfangsverdacht aus dem Anruf. Die zu prüfende Maßnahme dient also der Verfolgung einer Straftat (Erschleichen von Leistungen, § 265a StGB).

Die Polizeibeamten werden nach § 163 StPO strafverfolgend tätig (Legalitätsprinzip).

2. Materielle Rechtmäßigkeit

2.1 Auswahl der Eingriffsermächtigung

Zweck der Maßnahme ist die Identitätsfeststellung. Rechtsgrundlage für die Identitätsfeststellung des R. Burden ist § 163b Abs. 1 StPO.

2.2 Voraussetzungen der Eingriffsermächtigung

2.2.1 Zweck/Tatbestandsvoraussetzungen

Diese Norm setzt eine Straftat voraus: Der Adressat Burden ist Verdächtiger einer Straftat, da er als Täter für ein Vergehen der Leistungserschleichung in Frage kommt. Diese Fakten resultieren aus der Aussage des Herrn Krieger.

Die Beamten treffen die in § 163b Abs. 1 StPO zitierten „erforderlichen Maßnahmen“. Diese bestehen im Sachverhalt im Befragen der kontrollierten Person nach ihrem Namen; in der weiteren Folge fallen auch das Durchsuchen, das Festhalten und das Beibringen der Kontoauszüge und des Lichtbildes aus dem Reisepass unter diesen Oberbegriff („erforderliche Maßnahmen“).

Da sich Schwierigkeiten bei der IdF ergeben, ist gem. § 163b Abs. 1 StPO ein „Festhalten“ zulässig: der ausländische Verdächtige spricht kaum Deutsch, also gibt es Kommunikationsprobleme; es wird ferner kein Ausweis ausgehändigt.

Gem. § 163b Abs. 1 StPO ist – sofern wie hier die Voraussetzungen für ein Festhalten der Adressaten vorliegen – auch die Durchsuchung des Burden und seiner mitgeführten Sachen möglich. Dies muss Burden dulden. Da weitere Maßnahmen vor Ort keinen Erfolg versprechen, war auch das Verbringen zum Polizeirevier gerechtfertigt.

Eine weitere „erforderliche Maßnahme“ ist das FAST-ID. Ohne Lichtbild ist die Identität aber zweifelsfrei noch nicht festgestellt, weshalb die Beischaffung eines solchen und Kontoauszüge mit Adresse die letzte „erforderliche Maßnahme“ darstellt und das mildere Mittel zur ED-Behandlung ist.

2.2.2 Adressat der Maßnahme

Adressat der Maßnahme ist Burden, da er ohne Fahrschein angetroffen worden war und somit der Verdacht einer Straftat gegeben ist.

Burden ist als Verdächtigter Adressat des § 163b Abs. 1 StPO.

2.3 Rechtsfolge

Burden muss die erforderlichen Maßnahmen im Rahmen der IdF dulden.

2.4 Verhältnismäßigkeit

Die getroffenen Maßnahmen müssen aber auch verhältnismäßig sein. Das bedeutet, dass die Maßnahmen zunächst geeignet sein müssen, den gewünschten Zweck herbeizuführen.

Die Maßnahmen (Befragen, Durchsuchen, Festhalten) waren erforderlich, da die Identität des Burden sonst hätte nicht festgestellt werden können. Sie waren notwendig, um ein Strafverfahren gegen eine konkret bezeichnete Person betreiben zu können. Die Identitätsfeststellung war geeignet, da sie taugliches Mittel war, die Personalien zu erlangen.

Die VHM im engeren Sinne wurde auch gewahrt. Der Grundrechtseingriff bei Burden stand im Verhältnis zur begangenen Straftat (§ 265a StGB) und zur Stärke des Tatverdachts.

Die Maßnahmen waren somit verhältnismäßig.

3. Formelle Rechtmäßigkeit

3.1 Anordnungskompetenz

Zur Anordnung der IdF bei Burden sind POM Flink und PMin Lustig nach § 163b Abs. 1 StPO berechtigt („die Beamten des Polizeidienstes").

4. Form- und Fristbestimmungen

Ein zu äußernder Tatvorhalt („§ 163a Abs. 4 Satz 1 StPO gilt entsprechend.") wurde dem Verdächtigen von POM Flink eröffnet.

Den Erfordernissen der zeitlichen Begrenzung der IdF aus § 163c Abs. 1 StPO wurde entsprochen, da Burden nur so lange festgehalten wurde, wie dies für die Personalienfeststellung unerlässlich nötig gewesen ist.

Da Burden an einen anderen Ort (Polizeirevier) verbracht wurde, liegt ein Festhalten i. S. d. § 163b Abs. 1 StPO vor. Im Gegensatz zum (bloßen) Anhalten (Freiheitsbeschränkung) ist das Festhalten eine Freiheitsentziehung (Art. 104 Abs. 2 GG), über deren „Zulässigkeit und Fortdauer" gem. § 163c Abs. 1 StPO der Richter zu entscheiden hat. Auf diese Förmlichkeit konnte jedoch befugt verzichtet werden, da die Herbeiführung der richterlichen Entscheidung länger gedauert hätte als die IdF selbst.

5. Ergebnis

Die IdF erfolgte rechtmäßig.

Anmerkung:

Festhalten zur IdF: vgl. BVerfG, Entscheidung vom 11.07.2006, NStZ-RR 2006, 381

Fall 2: Unbekannter Schläger

Sachverhalt:

In der videoüberwachten Fußgängerzone von Mannheim wird vor dem Döner-Kebap-Stand Gözlukaja am Montag, dem 07.10.2019, gegen 17.00 Uhr Ahmed Raba von einem Jugendlichen zusammengeschlagen.

Der Inhaber des Imbiss-Standes Gözlukaja verständigt die Polizei. Er gibt eine detaillierte Personenbeschreibung des geflüchteten Täters.

Unter anderem gibt er an, der Schläger habe ein weißes Polo-Shirt getragen, das nach der Auseinandersetzung blutverschmiert war.

Ca. zwei Stunden später (18.55 Uhr) entdecken die Polizeibeamten PKin Milde und POM Heinrich vor dem „GÜWO"-Hochhaus einen jungen Mann mit einem blutverschmierten weißen Polo-Shirt. Auch die Personenbeschreibung deutet auf die Täterschaft des Jugendlichen hin.

Die Person wird auf das Vorkommnis angesprochen und PKin Milde verlangt nach Bekanntgabe des Überprüfungsgrundes die Angabe der Personalien und die Aushändigung eines Ausweises.

Der Jugendliche verweigert beides, weshalb er von POM Heinrich durchsucht wird. Nachdem die Durchsuchung nicht zum Erfolg führt, wird der Jugendliche zur Dienststelle verbracht. Da FAST-ID momentan außer Betrieb ist, bleibt nur noch die erkennungsdienstliche Behandlung zur IdF.

Eine entsprechende richterliche Bestätigung für das Festhalten für diese Maßnahme wurde beim zuständigen Ermittlungsrichter des Amtsgerichts Mannheim nach Rücksprache mit der Staatsanwaltschaft eingeholt.

Das Ergebnis der erkennungsdienstlichen Behandlung ergibt gegen 20.45 Uhr, dass es sich um den 21-jährigen Christian Reblaus, wohnhaft Mannheim-Rheinau, Industriestraße 4, handelt. Er war wegen Raubes von der KP Heilbronn vor vier Monaten bereits ed-behandelt worden. Er bestreitet die Tat vehement. Christian Reblaus wird als Beschuldigter vernommen, wobei er zum Sachverhalt selbst keine Angaben machen will. Daraufhin wird sein weißes Polo-Shirt sichergestellt. An beiden Händen wird ein Wattestäbchenabstrich durchgeführt. Danach wird er entlassen.

Aufgabe:

Erläutern und begründen Sie die von PKin Milde und POM Heinrich durchgeführte Identitätsfeststellung in strafprozessualer Hinsicht, einschließlich der zu beachtenden Formen und Fristen!

Lösungsvorschlag:

1. Vorprüfung

Ein Anfangsverdacht nach § 152 Abs. 2 StPO liegt vor, wenn es aufgrund konkreter Tatsachen nach kriminalistischer Erfahrung als möglich erscheint, dass eine verfolgbare Straftat begangen wurde. Bloße Vermutungen reichen hierzu nicht aus.

Hier ergibt sich der Anfangsverdacht aus dem Notruf und den Feststellungen beim Geschädigten Raba. Die zu prüfende Maßnahme dient also der Verfolgung einer Straftat (KV-Delikt).

Die Beamten kommen dem Legalitätsprinzip aus § 163 StPO nach und werden strafverfolgend tätig.

2. Materielle Rechtmäßigkeit

2.1 Auswahl der Eingriffsermächtigung

Die Eingriffsermächtigung ergibt sich aus § 163b Abs. 1 StPO. § 163b Abs. 1 StPO gestattet die Personalienfeststellung des Verdächtigen durch die Staatsanwaltschaft und alle Polizeibeamten.

2.2 Voraussetzungen der Eingriffsermächtigung

2.2.1 Zweck/Tatbestandsvoraussetzungen

Zweck der Maßnahme ist die Identitätsfeststellung. § 163b Abs. 1 StPO erfordert den „Verdächtigen einer Straftat“. Christian Reblaus ist Verdächtiger einer Straftat; er kommt als Täter der Körperverletzung in Betracht. Die Tatsachen, dass er sich in der Nähe des Tatorts aufhält, ein blutverschmiertes weißes Polo-Shirt trägt und auch die auf ihn passende Personenbeschreibung machen ihn zum Verdächtigen.

Die Beamten können zum Zwecke der Identitätsfeststellung die „erforderlichen Maßnahmen“ treffen, nachdem sie Christian Reblaus eröffnet haben, dass er Verdächtiger einer Körperverletzung ist. Die zunächst erforderliche Maßnahme ist das Befragen nach den Personalien. Diese Maßnahme bleibt aber erfolglos, da Reblaus sich weigert, seine Personalien anzugeben und auch seinen BPA nicht aushändigen will.

Wenn die Identität nicht oder nur unter erheblichen Schwierigkeiten festgestellt werden kann, darf der Verdächtige festgehalten werden. Unter dieser Voraussetzung ist auch seine Durchsuchung und die Durchsuchung der von ihm mitgeführten Sachen zulässig.

Weil Reblaus sich weigert, seine Personalien anzugeben bzw. sich mit einem Ausweispapier zu legitimieren, kann seine Identität nicht festgestellt werden. Deshalb sind die Beamten berechtigt, den Verdächtigen festzuhalten und nach mitgeführten Ausweisen zu durchsuchen. Auch mit diesen Maßnahmen wird der strafprozessuale Zweck nicht erreicht. Daher kann der Verdächtige auf die Dienststelle verbracht werden. Dort erfolgt nach Ausfall von FAST-ID eine weitere erforderliche und nun zulässige Maßnahme, die erkennungsdienstliche Behandlung. Hierdurch gelingt es schließlich, seine Personalien festzustellen.

2.2.2 Adressat der Maßnahme

Adressat der Maßnahme ist Christian Reblaus, da er mit einem blutverschmierten Polo-Shirt angetroffen worden ist. Christian Reblaus ist als Verdächtiger richtiger Adressat der Maßnahme.

2.3 Rechtsfolge

Christian Reblaus muss alle Maßnahmen, die für die IdF erforderlich sind, erdulden.

2.4 Verhältnismäßigkeit

Alle getroffenen Maßnahmen waren erforderlich, da ohne sie die Identität des Verdächtigen unbekannt geblieben wäre. Sie waren notwendig, um das Strafverfahren namentlich gegen ihn betreiben zu können. Mildere Mittel zum Zwecke der Identitätsfeststellung als die angewandten gab es keine.

Die Maßnahmen waren ferner geeignet, da erst durch die Mitnahme zur Dienststelle und die ED-Behandlung die Identität festgestellt werden konnte.

Die Identitätsfeststellung war auch im engeren Sinne verhältnismäßig. Die Grundrechtseingriffe standen im Verhältnis zu der begangenen Tat und der Stärke des Tatverdachts.

3. Formelle Rechtmäßigkeit

3.1 Anordnungskompetenz

Alle Beamten des Polizeidienstes sind nach § 163b Abs. 1 StPO zur Anordnung einer Identitätsfeststellung berechtigt, so auch PKin Milde und POM Heinrich.

4. Form- und Fristbestimmungen

4.1 Tatvorhalt

§ 163b Abs. 1 StPO verlangt als wesentliche Formvorschrift, dass dem Verdächtigen vor der Identitätsfeststellung deren Grund genannt wird (analog zu § 163a Abs. 4 StPO). Wird der Grund nicht genannt, ist die Maßnahme rechtswidrig, so OLG Hamm vom 10.05.2012, NStZ 2013, 62, es sei denn, der Grund für die Identitätsfeststellung ist offensichtlich, so OLG Hamm vom 16.12.2014, 1 Ws 521/14.

4.2 Dauer der Freiheitsentziehung

Die Formvorschrift des § 163c StPO besagt, dass der Verdächtige nur so lange festgehalten werden darf, bis seine Identität feststeht. Ferner wird bei einer Freiheitsentziehung die Verständigung des Richters erforderlich, der über Zulässigkeit und Fortdauer der Freiheitsentziehung zu entscheiden hat.

Der Sachverhalt führt aus, dass eine entsprechende richterliche Bestätigung von den Beamten herbeigeführt worden ist. Somit entsprachen sie den Formerfordernissen des § 163c StPO.

Laut Sachverhalt wird Reblaus sofort nach der Feststellung seiner Identität bzw. nach der Belehrung als Beschuldigter wieder auf freien Fuß gesetzt.

4.3 Durchsuchung der Person

Da POM Heinrich den verdächtigen Reblaus durchsuchte, wurde auch § 81d StPO (gleichgeschlechtliche Durchsuchung) entsprochen.

5. Ergebnis

Die Identitätsfeststellung durch die Beamten war rechtmäßig.

Anmerkung zur Identitätsfeststellung:

Einschlägige Rechtsprechung zur Identitätsfeststellung findet sich in einem Urteil des LG Hagen vom 18. 11. 1999 (6 O 164/99). Hierbei ging es um eine ordnungsgemäße Identitätsfeststellung eines Schädigers, damit der Geschädigte seinen Schaden zivilrechtlich geltend machen konnte.

Die Polizeibeamten hatten sich bei der Personalienfeststellung des Schädigers ohne weitere Überprüfung auf dessen Angaben verlassen. Der Schädiger gab indes falsche Personalien an, sodass das vom Geschädigten beklagte Land NRW Schadensersatzansprüche i. H. v. 1388,61 DM zu begleichen hatte.

In einem ähnlichen Fall musste das Landgericht Landau/Pfalz entscheiden (2 O 160/01 vom 28.06.2001). Der Geschädigte einer Körperverletzung rief die Polizei und zeigte der Streife den Tatverdächtigen in einer vierköpfigen Personengruppe, die wie der Geschädigte ein Weinfest besuchte. Sowohl der Tatverdächtige als auch eine weitere Person führten keine Ausweise mit und gaben falsche Personalien an. Die beiden anderen Personen konnten sich ausweisen. Der Geschädigte konnte dadurch die Kosten für die Behandlung einer Zahnverletzung (durch Faustschlag) nicht geltend machen. Die richtigen Personalien des Täters konnten nicht ermittelt werden. Mit einer sehr zweifelhaften Begründung lehnte das Landgericht Landau eine Amtshaftung wegen unsicherer IdF in diesem Fall ab.

Fall 3: Brandanschlag

Sachverhalt:

PHM A. und POMin B. sind Beamte des Streifendienstes beim Polizeirevier Böblingen. Am 16.10.2019, gegen 18.00 Uhr, werden sie über Funk mit der Fahndung nach einem einem schwarzen BMW mit zwei weißen Längsstreifen beauftragt.

Gegen 17.40 Uhr hatten unbekannte Täter zwei Brandsätze (vermutlich Molotow-Cocktails) gegen ein türkisches Reisebüro in Herrenberg geworfen und damit in Brand gesetzt.

Ein Passant konnte den am Tatort eintreffenden Polizeibeamten lediglich mitteilen, dass unmittelbar nach Ausbruch des Feuers ein schwarzer BMW mit zwei weißen Längsstreifen mit Kennzeichen FDS, Näheres nicht bekannt, mit hoher Geschwindigkeit vom Tatort weggefahren sei.

Gegen 18.15 Uhr entdecken PHM A. und POMin B. in Böblingen-Dagersheim einen vor einer Gaststätte geparkten schwarzen BMW mit Kennzeichen, wie vom Zeugen angegeben. Während die beiden Polizeibeamten die noch warme Motorhaube prüfen und über Funk den Halter des BMW ermitteln, kommt ein junger Mann aus der Gaststätte. Als er Anstalten macht, den Pkw zu öffnen, sprechen die Polizeibeamten ihn an und fordern ihn auf, sich auszuweisen. Der junge Mann erklärt, dass der Pkw einem Freund gehöre, und er keine Ausweispapiere bei sich habe. Bereitwillig gibt er seine Personalien an. Auch die Angaben über den Halter des BMW gibt er an, die mit der Halteranfrage übereinstimmen.

Da die Wohnung des jungen Mannes in Böblingen-Dagersheim ist, nehmen sie ihn mit, nachdem er angab, seinen Ausweis zu Hause zu haben. Dort wird anhand eines Reisepasses die Identität zweifelsfrei festgestellt. Während der Überprüfung werden PHM A. und POMin B. über Funk darüber in Kenntnis gesetzt, dass der gesuchte schwarze BMW sowie der vermeintlicher Täter in Herrenberg gestellt wurde. Daraufhin wird der junge Mann unverzüglich entlassen.

Aufgabe:

Erläutern und begründen Sie die Rechtmäßigkeit der Identitätsfeststellung!

Lösungsvorschlag:

1. Vorprüfung

Ein Anfangsverdacht liegt vor, wenn zureichende tatsächliche Anhaltspunkte nach § 152 Abs. 2 StPO vorliegen, dass eine verfolgbare Straftat begangen wurde. Bloße Vermutungen reichen hierzu nicht aus.

Hier ergibt sich der Anfangsverdacht für eine Brandstiftung aus der Art der Tatausführung. Die zu prüfende Maßnahme dient also der Verfolgung einer Straftat. Dazu sind die Beamten gemäß § 163 StPO (Legalitätsprinzip) verpflichtet. Sie haben alle erforderlichen Maßnahmen zu treffen, um die Verdunkelung der Sache zu verhüten.

2. Materielle Rechtmäßigkeit

2.1 Auswahl der Eingriffsermächtigung

Zweck der Maßnahme ist die Identitätsfeststellung. Die Eingriffsermächtigung hierfür ergibt sich aus § 163b Abs. 1 StPO.

2.2 Voraussetzungen der Eingriffsermächtigung

2.2.1 Zweck/Tatbestandsvoraussetzungen

§ 163b Abs. 1 StPO lässt die Feststellung der Identität von Personen zu, die noch nicht konkret Beschuldigte eines Strafverfahrens sind.

Der junge Mann, der mit dem auffälligen BMW wegfahren möchte, ist Verdächtiger, da er für den Brandanschlag konkret in Betracht kommt. Nach den Aussagen eines Passanten ist unmittelbar nach Ausbruch des Feuers ein schwarzer BMW mit Kennzeichen FDS . . ., Weiteres nicht bekannt, mit hoher Geschwindigkeit vom Tatort weggefahren. Hersteller, Typ und auffällige Lackierung des Fahrzeugs sowie Buchstaben des Zulassungsbezirks FDS (Landkreis Freudenstadt) stimmen überein. Darüber hinaus lassen zeitliche und örtliche Nähe zwischen Tatort und Kontrollort eine Täterschaft möglich erscheinen, da zudem die Motorhaube noch warm ist.

Da es sich beim schwarzen BMW mit zwei Längsstreifen um ein auffälliges Fahrzeug handelt und der Zulassungsbezirk (FDS) auch zutrifft, lässt sich die Verdächtigeneigenschaft begründen.

Zweck der Maßnahme ist die Feststellung der Identität, um später, im Laufe der Ermittlungen, weitere Maßnahmen zu ergreifen, z. B. Gegenüberstellung, Vergleich von Fingerspuren usw. Zu diesem Zweck dürfen die Beamten des Polizeidienstes alle erforderlichen Maßnahmen treffen, z. B. anhalten, befragen, auffordern, sich auszuweisen.

Da im vorliegenden Sachverhalt trotz Angabe der Personalien des jungen Mannes und der Personalien des Fahrzeughalters die Identität des jungen Mannes nicht zweifelsfrei feststeht und vor Ort nicht festgestellt werden kann, ist es zulässig, den Verdächtigen festzuhalten. Dies bedeutet ein Festhalten am Kontrollort selbst, aber auch ein Verbringen zur Dienststelle oder, wie im Sachverhalt geschehen, zur nahe gelegenen Wohnung, um dort anhand des Reisepasses die Identität des jungen Mannes zweifelsfrei festzustellen.

2.2.2 Adressat der Maßnahme

Adressat der Maßnahme ist der junge Mann, da er mit dem gesuchten Pkw wegfahren möchte. Er ist damit richtiger Adressat der Maßnahme.

2.3 Rechtsfolge

Aufgrund der geprüften Tatbestandsvoraussetzungen muss der Fahrer des BMW die Maßnahmen, die zur zweifelsfreien Feststellung seiner Identität führen, dulden.

2.4 Verhältnismäßigkeit

Die Identitätsfeststellung beim Verdächtigen war erforderlich. Ohne sie wären weitere notwendige Maßnahmen nicht möglich gewesen, da Verdächtiger und Fahrzeughalter nicht identisch waren.

Die Identitätsfeststellung war ferner geeignet, da nur dadurch weitere Überprüfungen mit Tatortspuren möglich gewesen wären.

Sie stand zweifellos im Verhältnis zur Schwere der Straftat und der Stärke des Tatverdachts.

Die Identitätsfeststellung war auch im engeren Sinne verhältnismäßig.

3. Formelle Rechtmäßigkeit

3.1 Anordnungskompetenz

Zur Anordnung der IdF bei dem jungen Mann sind PHM A. und POMin B. nach § 163b Abs. 1 StPO berechtigt („die Beamten des Polizeidienstes“).

4. Form- und Fristbestimmungen

4.1 Tatvorhalt

Gem. § 163b Abs. 1 Satz 1, 2. Halbsatz, ist dem Verdächtigen vor Beginn der Maßnahme zu eröffnen, weshalb seine Identität festgestellt werden soll.

4.2 Dauer der Freiheitsentziehung

Der Verdächtige darf in keinem Fall länger als zur Feststellung der Identität unerlässlich festgehalten werden. Eine unverzügliche richterliche Vorführung, wie in § 163c Abs. 1Satz 2 StPO gefordert, konnte hier unterbleiben, weil dies die Maßnahme nur zeitlich unnötig verlängert hätte.

5. Ergebnis

Die Identitätsfeststellung war rechtmäßig.

Fall 4: Rotlicht

Sachverhalt:

Während einer Streifenfahrt beobachten POM A und POMin B, wie der Fahrer eines Motorrades das Rotlicht an einer Kreuzung nicht beachtet. Obwohl die dortige Signalanlage für seine Fahrtrichtung bereits seit mehreren Sekunden Rotlicht anzeigte, überquerte der Motorradfahrer die Kreuzung. Gefährdet wurde niemand.

Die Beamten holen den Motorradfahrer ein und halten ihn an. Obwohl der Motorradfahrer angibt, es sehr eilig zu haben und auch sofort weiterfahren möchte, bestehen die Beamten auf einer Überprüfung der angegebenen Personalien und nehmen ihn, da er keinerlei Ausweispapiere bei sich hat, mit zur Dienststelle.

Von dort wird er, nachdem die Identität zweifelsfrei festgestellt ist, sofort wieder entlassen.

Aufgabe:

Erläutern und begründen Sie die Rechtmäßigkeit der Identitätsfeststellung!

Lösungsvorschlag:

1. Vorprüfung

Ein Anfangsverdacht liegt vor, wenn aufgrund zureichender tatsächlicher Anhaltspunkte nach § 152 Abs. 2 StPO i. V. m. § 46 Abs. 1 OWiG eine verfolgbare Ordnungswidrigkeit vorliegen könnte. Bloße Vermutungen reichen hierzu nicht aus.

Hier ergibt sich der Anfangsverdacht aus der Tatsache, dass die Polizeibeamten das Überfahren des Rotlichts selbst gesehen haben. Die zu prüfende Maßnahme dient also der Verfolgung einer Ordnungswidrigkeit. Der Motorradfahrer fährt „vor den Augen" der Polizeibeamten bei Rot „über die Ampel". Dies stellt eine bedeutende Ordnungswidrigkeit i. S. d. StVO dar. Gemäß § 53 OWiG haben Polizeibeamte nach pflichtgemäßem Ermessen Ordnungswidrigkeiten zu erforschen. Die Polizeibeamten haben von ihrem

Ermessen pflichtgemäß Gebrauch gemacht und sich entschlossen, die Ordnungswidrigkeit zu verfolgen.

2. Materielle Rechtmäßigkeit

2.1 Auswahl der Eingriffsermächtigung

Die Identitätsfeststellung richtet sich nach § 163b Abs. 1 StPO i. V. m. § 46 Abs. 1 OWiG.

2.2 Voraussetzungen der Eingriffsermächtigung

2.2.1 Zweck/Tatbestandsvoraussetzungen

Diese Bestimmung lässt die Feststellung der Identität von Personen zu, die einer Ordnungswidrigkeit verdächtig sind. Da die Polizeibeamten praktisch Augenzeugen der Ordnungswidrigkeit sind, ist dem Motorradfahrer diese Handlung vorzuwerfen. Er ist verdächtig des Verstoßes nach § 37 StVO, da er hierfür in Frage kommt.

Zweck der Maßnahme ist die Feststellung der Identität, um so den Fahrer zur Verantwortung zu ziehen und ihm (nicht dem evtl. Halter) einen Bußgeldbescheid über die begangene Ordnungswidrigkeit zukommen zu lassen.

Zu diesem Zweck ist es zulässig, alle erforderlichen Maßnahmen zu treffen wie anhalten, befragen sowie auffordern, sich auszuweisen.

Wenn die Identität nicht oder nur unter erheblichen Schwierigkeiten festgestellt werden kann, darf der Betroffene festgehalten, er selbst und von ihm mitgeführte Gegenstände durchsucht sowie erkennungsdienstliche Maßnahmen vorgenommen werden.

Da der Fahrer entgegen der gesetzlichen Vorschriften keinerlei Ausweispapiere (Führerschein, Zulassungsbescheinigung Teil I) mit sich führt, die angegebenen Personalien nicht zweifelsfrei vor Ort festgestellt werden können (über Einwohnermeldedaten kann nur die Existenz festgestellt werden), darf dieser festgehalten werden. Darunter fällt auch die Mitnahme zur Dienststelle, um dort die Identität zweifelsfrei festzustellen.

2.2.2 Adressat der Maßnahme

Adressat der Maßnahme ist der Motorradfahrer, der bei Rotlicht eine Kreuzung überfahren hat. Er ist damit richtiger Adressat der Maßnahme.

2.3 Rechtsfolge

Der Motorradfahrer hat die Maßnahmen zur ID-Feststellung zu dulden.

2.4 Verhältnismäßigkeit

Die Identitätsfeststellung beim Betroffenen war erforderlich, da ohne sie die Ordnungswidrigkeit nicht verfolgt werden konnte, zumindest nicht zweifelsfrei; die Beamten mussten sich nicht mit dem Kennzeichen begnügen und zudem aufgrund des Motorradhelms eine Personenbeschreibung sehr vage wäre.

Die Identitätsfeststellung war ferner geeignet, da nur dadurch das Bußgeldverfahren gesichert war und mögliche weitere Überprüfungen überflüssig wurden.

Die Identitätsfeststellung war schließlich auch verhältnismäßig, da sie keinen schwer wiegenden Grundrechtseingriff darstellt, auch nicht die kurzfristige Freiheitsbeschränkung. Diese hat der Betroffene durch sein pflichtwidriges Nichtmitführen von vorgeschriebenen Berechtigungsscheinen selbst verursacht. Somit war die Maßnahme auch angemessen.

3. Formelle Rechtmäßigkeit

3.1 Anordnungskompetenz

Die Identitätsfeststellung gem. § 163b Abs. 1 StPO i. V. m. § 46 Abs. 1 OWiG kann durch die Bußgeldbehörde und jeden Beamten des Polizeidienstes angeordnet und durchgeführt werden. Die Beamten waren somit zur Anordnung befugt.

4. Form- und Fristbestimmungen

4.1 Tatvorhalt

Gemäß § 163b Abs. 1 Satz 1, 2. Halbsatz StPO i. V. m. § 46 Abs. 1 OWiG ist dem Betroffenen vor Beginn der Maßnahme mitzuteilen, welche Ordnungswidrigkeit ihm vorgeworfen wird (§ 163a Abs. 4 StPO).

4.2 Dauer der Maßnahme

Der Betroffene darf in keinem Fall länger als zur Feststellung der Identität unerlässlich festgehalten werden. Der Betroffene wurde unverzüglich frei gelassen. Eine unverzügliche richterliche Vorführung gem. § 163c Abs. 1 Satz 2 StPO i. V. m. § 46 Abs. 1 OWiG konnte hier unterbleiben, da dieser Weg über das Amtsgericht die Maßnahme nur unnötig verzögert hätte.

5. Ergebnis

Somit war die Identitätsfeststellung rechtmäßig.

B. Fälle zur Durchsuchung (§§ 102, 103 StPO)

Fall 5: Fabrikgelände

Sachverhalt:

Am Montag, den 21.10.2019, 01.00 Uhr, erhält die Streife PMin Mayer und PK Schmid den Auftrag, die Spielhalle „treasure“ in der Reutlinger Straße in Tübingen anzufahren. Dort habe sich soeben ein Überfall ereignet.

Vor Ort befinden sich in der Spielhalle der Anrufer Sven Fischer und der Angestellte der Spielhalle, Max Spitzer, am Tresen. Max Spitzer sitzt sehr apathisch und verängstigt auf einem Barhocker, ist aber offensichtlich nicht verletzt. Sven Fischer gibt an, dass er bisher noch nicht weiß, was genau passiert sei.

Weiter erzählt Sven Fischer:

„Als ich mit meinem Beagle zum Neckarufer ging, kam ich an der Spielhalle vorbei. Ich bemerkte, dass zwei etwa 25 – 30 Jahre alte Männer rauchend in der Nähe des Seiteneingangs standen. Ich nahm an, dass sie sich unter dem dortigen Vordach unterstellten, weil es leicht nieselte. Als ich ca. 20 Minuten später auf dem Heimweg wieder an der Spielhalle vorbeikam, hörte ich Hilfeschreie und sah, wie dieselben Männer die Spielhalle eilends durch den Hintereingang verließen. Ich erkannte, dass einer der beiden eine Mütze mit Sehschlitzen trug. Dann sind sie mit einem in der Nähe abgestellten gelben Seat Ibiza mit Hamburger Kennzeichen in Richtung Stadtmitte abgehauen. Ich habe sofort die 110 angerufen und mich dann um den Spielhallenmitarbeiter gekümmert.“

PK Schmid wendet sich nun Max Spitzer zu, der folgendes Tatgeschehen schildert:

„Gegen 01.00 Uhr wollte ich die Spielhalle durch einen Seiteneingang verlassen, als ich von zwei mit schwarzen Sturmhauben maskierten Männern in die Spielhalle zurückgedrängt wurde. Dort richtete einer der beiden Männer, ein großer hagerer, eine schwarze Pistole direkt auf mich und schrie mich mit hartem Akzent an: „Gibst du Geld, sonst tot!“ Ich nahm alle Geldscheine aus der Kasse und steckte sie in einen hellroten Rucksack, den er mir hinhielt. Es waren so um die 1000 €.“

Anschließend gibt Max Spitzer noch eine überraschend detaillierte Personenbeschreibung der beiden geflüchteten Männer ab.

Im Rahmen der Fahndung kann der gesuchte Pkw Seat Ibiza nach ca. 25 Minuten vor der Kneipe „Turmstüble" festgestellt werden. Die Streife entschließt sich daraufhin, die Gaststätte zu überprüfen.

Während eine hinzugezogene Streife bei den Ein- und Ausgängen bleibt und den Pkw observiert, betreten PMin Mayer und PK Schmid die Gaststätte. Zwei Männer, auf die die Täterbeschreibungen zutreffen, ergreifen beim Erkennen der Streife die Flucht. Es gelingt den Polizeibeamten, den kräftigeren Mann zu ergreifen und vorläufig festzunehmen.

Der große schlanke Mann flüchtet durch einen Küchenausgang und klettert über einen Zaun in ein nebenan gelegenes ehemaliges Fabrikgelände, das vom Eventservice-Manager Timo Kaiser unlängst aufgekauft worden war. PK Schmid entschließt sich mit anwesenden Kräften zum sofortigen Absuchen des Geländes. Den flüchtigen Mann kann PMin Mayer in der leerstehenden Fabrikhalle entdecken und vorläufig festnehmen. Bei ihm werden ein serbischer Reisepass und ein Pkw-Schlüssel für den vor der Gaststätte geparkten Pkw mit Hamburger Kennzeichen gefunden.

Der Reisepass ist ausgestellt auf:

Radan Saric
geb. 25.07.1975/Valjevo/Serbische Republik
Wohnort: Beograd, Gavrila Principa 56

PK Schmid befragt die Männer, die leidlich deutsch können, nach Belehrung zu den Eigentumsverhältnissen bezüglich des Seat Ibiza. Beide schweigen daraufhin beharrlich.

Gegen beide Beschuldigte ergeht noch am gleichen Tag Haftbefehl.

Sie lassen sich nun die Einbehaltung des Pkw und dessen Durchsuchung durch den Bereitschaftsrichter anordnen. Bei der Durchsuchung wird unter dem Beifahrersitz ein dunkelblauer Rucksack mit dem vermutlichen Raubgut (Geldscheine) sowie im Fußraum eine Strickmütze mit Sehschlitzen aufgefunden.

Aufgabe:

Erläutern und begründen Sie sachverhaltsbezogen, ob die Durchsuchung des Fabrikgeländes rechtmäßig war.

Lösungsvorschlag:

1. Vorprüfung

Ein einfacher Anfangsverdacht für eine Straftat (Raub o. Ä.) nach § 152 Abs. 2 StPO liegt vor. (Anfangsverdacht = Vorliegen konkreter Tatsachen, die es möglich erscheinen lassen, dass eine verfolgbare Straftat vorliegt.)

Es bestehen zureichende tatsächliche Anhaltspunkte für einen Raub durch den Anruf von Sven Fischer bei der Polizei und dessen Sachverhaltsschilderung. Dies konkretisiert sich durch die Angaben von Max Spitzer.

Die Polizeibeamten sind somit verpflichtet, dem Legalitätsprinzip nach § 163 StPO nachzukommen und strafverfolgend tätig zu werden. Alle weiteren Maßnahmen richten sich nach der StPO.

2. Materielle Rechtmäßigkeit

2.1 Auswahl der Eingriffsermächtigung

Als Eingriffsermächtigung ist § 103 StPO heranzuziehen.

2.2 Voraussetzungen der Eingriffsermächtigung

2.2.1 Zweck/Tatbestandsvoraussetzungen

Diese Bestimmung lässt eine Durchsuchung bei anderen Personen zu, u. a. zur Ergreifung des Beschuldigten auch eine Durchsuchung der Räumlichkeiten und des befriedeten Besitztums des Unverdächtigen. Unverdächtiger ist, wer nicht als Täter oder Teilnehmer in Betracht kommt oder wegen erkennbarer Schuldunfähigkeit nicht verfolgt werden darf.

Durchsuchungsobjekt sind die im Gesetz genannten „Räume", zu denen auch das befriedete Besitztum und die anderen Räumlichkeiten des Unverdächtigen zählen. Diese sind nicht allgemein zugängliche Räume, da sie durch einen Zaun befriedetes Besitztum darstellen.

Durchsuchungszweck ist hier die „Ergreifung des Beschuldigten".

„Ergreifen" ist jedes Festhalten zur Durchführung einer nach der StPO zulässigen Zwangsmaßnahme. Der flüchtige Mann ist Beschuldigter, weil sich der Tatverdacht gegen ihn soweit konkretisiert hat, dass gegen ihn gezielt Strafverfolgungsmaßnahmen getroffen werden.

Seine Ergreifung soll weitere notwendige Maßnahmen der StPO gewährleisten: Identitätsfeststellung, seine Durchsuchung sowie möglicherweise die vorläufige Festnahme.

Nach § 103 Abs. 1 StPO müssen (konkrete) Tatsachen vorliegen, dass sich der Beschuldigte in den Räumen des Unverdächtigen aufhält. Diese Tatsachen liegen vor. Die Beamten haben durch eigene Wahrnehmung die Gewissheit, dass sich der geflüchtete Mann auf dem ehemaligen Fabrikgelände aufhalten muss.

§ 104 Abs. 1 StPO regelt die Durchsuchung u. a. des befriedeten Besitztums zur Nachtzeit.

Diese Bestimmung ist hier zu beachten, da die Durchsuchung zur Nachtzeit (definiert in § 104 Abs. 3 StPO) erfolgt. Eine nächtliche Haussuchung ist nach § 104 Abs. 1 StPO bei Gefahr im Verzug möglich. Diese ist hier anzunehmen: Eine Aufschiebung der Durchsuchung bis zum Tagesbeginn würde deren Erfolg gefährden, nämlich tatzeitnah den Beschuldigten festzunehmen und die Beweismittel für das Strafverfahren zu sichern.

Es bestünde die Gefahr, dass der Beschuldigte in dieser Zeit alle Beweismittel verschwinden lassen oder er selbst unbemerkt vom Areal flüchten könnte.

Ohne sofortiges Eingreifen wäre das Risiko dahingehend sehr groß, dass das Strafverfahren wesentlich erschwert oder gar vereitelt würde.

Ferner ist es möglich, hier die Durchsuchung zur Nachtzeit auf die vorliegende Tatbestandsvoraussetzung „Verfolgung auf frischer Tat“ zu stützen.

Die Ausnahmen des § 104 Abs. 2 StPO liegen im Sachverhalt nicht vor.

2.2.2 Adressat der Maßnahme

Timo Kaiser ist eine „andere Person“. Er kommt als Verdächtiger des Raubs nicht in Betracht. Somit ist er als Unverdächtiger eine „andere Person“ in Abgrenzung zum Verdächtigen.

2.3 Rechtsfolge

Die Durchsuchung (gezieltes Suchen nach Personen und Sachen oder Spuren) auf seinem befriedeten Besitztum bzw. in seinen anderen Räumen muss Timo Kaiser erdulden.

2.4 Verhältnismäßigkeit

Die Durchsuchung beim Unverdächtigen, auch zur Nachtzeit, war auch im engeren Sinne verhältnismäßig. Sie stand im Verhältnis zur Schwere der Tat (schweres Verbrechen) und zur Intensität des Eingriffs in das Grundrecht auf Unverletzlichkeit der Wohnung.

Das Grundrecht des Timo Kaiser nach Art. 13 GG wiegt nicht so schwer wie der Strafverfolgungsanspruch des Staates bei diesem schweren Verbrechen, da die Fabrikhalle letzten Endes nicht der „letzte verbliebene Rückzugsraum mit Intimsphäre" darstellt, wie es bei einer Wohnung der Fall ist. Somit ist der Grundrechtseingriff beim Unverdächtigen begründbar.

3. Formelle Rechtmäßigkeit

3.1 Anordnungskompetenz

Nach § 105 Abs. 1 StPO obliegt die Anordnung einer Raumdurchsuchung dem Richter, bei Gefahr im Verzug der Staatsanwaltschaft und ihren Ermittlungspersonen (Richtervorbehalt).

Gefahr im Verzuge lässt sich hier begründen, da die Herbeiführung einer richterlichen Entscheidung den Untersuchungserfolg vereiteln oder erheblich erschweren würde. Die Festnahme des Beschuldigten würde vermeidbar aufgeschoben und dadurch in Frage gestellt, ebenso die Beschlagnahme der Beweismittel.

Da PK Schmid Ermittlungsperson der Staatsanwaltschaft ist, ist er zur Anordnung der Durchsuchung berechtigt.

4. Form- und Fristbestimmungen

4.1 Hinzuziehung von Zeugen

Nach § 105 Abs. 2 StPO sind, wenn möglich, ein Gemeindebeamter oder zwei Einwohner der Gemeinde als Zeuge zur Wohnungsdurchsuchung hinzuzuziehen. Dies ist hier nicht möglich, da es sich um keine vorbereitete, sondern um eine spontan aus dem Ermittlungsverlauf heraus erfolgte Durchsuchung handelt. Für die Streife ist es nicht möglich, auf der „Hausschwelle" noch Zeugen aufzutreiben.

Diese wesentliche Formvorschrift wurde nach pflichtgemäßem Ermessen geprüft mit dem Ergebnis der Unmöglichkeit einer Zeugenhinzuziehung.

4.2 Anwesenheitsrecht des Wohnungsinhabers

§ 106 Abs. 2 StPO gestattet dem Wohnungsinhaber die Anwesenheit während der Wohnungsdurchsuchung. Dieses Recht konnte Timo Kaiser aus tatsächlichen Gründen nicht wahrnehmen. Wegen Gefahr im Verzug konnte auch nicht gewartet werden, bis er zum Fabrikareal kommt. Auch war es gerade nicht möglich (vgl. Wortlaut § 106 Abs. 2 Satz 2 StPO), einen erwachsenen Vertreter beizuziehen.

5. Ergebnis

Die Durchsuchung der anderen Räume bei Timo Kaiser war rechtmäßig.

Anmerkung:
Das Bundesverfassungsgericht stellt erhöhte Anforderungen an die Prüfung der Verhältnismäßigkeit. Schließlich hat der Nichtverdächtige auch aus Sicht der Ermittlungsbehörden in keiner Weise Anlass zu den Ermittlungsmaßnahmen gegeben (BVerfG NJW 2007, 1084).

Fall 6: Ladendieb

Sachverhalt:

Am Samstag, den 26.10.2019, gegen 12.35 Uhr, wird die Streife PK Weiß/ POM Hottinger zur Galeria Kaufhof beordert. Dort gebe es Probleme bei der Personalienfeststellung eines Ladendiebs.

Der Kaufhausdetektiv Patrick Barna stellt den Beamten den mutmaßlichen Ladendieb vor, händigt ihnen ferner ein Ausweispapier des Verdächtigen aus (Duldung als abgelehnter Asylbewerber, ausgestellt von der Stadt Stuttgart auf Tom Clare, nigerianischer Staatsangehöriger). Barna zeigt den Beamten des Weiteren ein Faltbriefchen, das beim Aushändigen der Duldung an ihn auf den Boden gefallen war. Er habe das Briefchen sofort „konfisziert“, weil er glaubt, dass darin Rauschgift sein könne. Als es dann noch Probleme mit der Wohnadresse des Verdächtigen gab, bat er um eine Streife.

Die vom Verdächtigen Tom Clare entwendeten Rasierklingen im Wert von 10,99 € liegen auf dem Schreibtisch.

Nach Tatvorhalt kündigt PK Weiß dem Beschuldigten Clare an, dass er nach weiteren Beweismitteln durchsucht werde. Clare ist davon nicht angetan und stellt sich unwissend.

PK Weiß bittet den Kaufhausdedektiv, während der Durchsuchung das Büro kurzzeitig zu verlassen. Barna kommt dieser Bitte sofort nach.

Sodann wird Clare von der Streife durchsucht und gebeten, sich vollständig zu entkleiden. Beim Slip zögert er und richtet einen fragenden Blick an die Beamten. Diese bestehen jedoch darauf, dass er ihn ablegt. Beim Ausziehen des Slips fallen zahlreiche Faltbriefchen zu Boden. Die Inaugenscheinnahme der Gesäßfalte verläuft dann negativ, ebenso die Nachschau in den Haaren, hinter den Ohren und im „Schritt“.

Die Beamten finden insgesamt 10 Briefchen, die allesamt ein bräunliches Pulver enthalten, das auf Heroin hindeutet.

PK Weiß erklärt die Beschlagnahme, worauf Clare entgegnet:
- „That’s not ok, officer!“

Über die einbehaltenen Briefchen wird Clare eine Bescheinigung ausgehändigt. Weitere erforderliche strafprozessuale Maßnahmen folgen.

Aufgabe:

Erläutern und begründen Sie die Rechtmäßigkeit der strafprozessualen Durchsuchung des Verdächtigen Tom Clare!

Lösungsvorschlag:

1. Vorprüfung

Ein Anfangsverdacht nach § 152 Abs. 2 StPO liegt vor, wenn es aufgrund konkreter Tatsachen nach kriminalistischer Erfahrung als möglich erscheint, dass eine verfolgbare Straftat begangen wurde. Bloße Vermutungen reichen hierzu nicht aus. Clare war aufgrund der Aussage des Kaufhausdetektivs Barna Verdächtiger eines Diebstahls geringwertiger Sachen. Verdächtiger ist die Person, deren Beteiligung an einer Straftat aufgrund tatsächlicher Anhaltspunkte möglich erscheint.

Die Beamten unterliegen der Strafverfolgungspflicht nach § 163 StPO und werden nach der StPO tätig.

2. Materielle Rechtmäßigkeit

2.1 Auswahl der Eingriffsermächtigung

Die Durchsuchung beim Verdächtigen einer Straftat richtet sich nach § 102 StPO.

2.2 Voraussetzungen der Eingriffsermächtigung

2.2.1 Zweck/Tatbestandsvoraussetzungen

Für diese strafprozessuale Maßnahme haben die Beamten auf § 102 StPO zurückgegriffen. Nach dieser Norm darf der Verdächtige einer Straftat zur Auffindung von Beweismitteln durchsucht werden, sofern eine Auffindungsvermutung hierfür besteht. Die (Anlass)Straftat ist hier ein Delikt nach §§ 242, 248a StGB und ferner ein unerlaubter Besitz von BtM nach § 29 BtMG.

Die Auffindungsvermutung muss sich bei der Suche nach (weiteren) Beweismitteln auf solche zur Anlasstat beziehen.

Die Durchsuchung erstreckt sich auf das Auffinden weiteren Diebesguts, evtl. mitgeführter Waffen, die eine Qualifizierung nach § 244 StGB begründen würden, sowie weiterer mitgeführter Betäubungsmittel bzw. Dealergeld. Die Auffindevermutung muss aber auf gesicherter Erfahrung beruhen.

Im Sachverhalt liegt es nicht fern, dass beim Verdächtigen weitere Beweismittel gefunden werden können.

Es entspricht (gesicherter) polizeilicher Erfahrung, dass Ladendiebe häufig mehr als nur einen (bereits herausgegebenen) entwendeten Gegenstand bei sich haben und nicht selten Waffen oder gefährliche Werkzeuge für den Einsatz im Bedrängnisfall mitführen. Ferner liegt beim Auffinden eines Faltbriefchens die Vermutung nicht fern, es könnte auch BtM-Handel vorliegen und nicht nur (bloßer) Besitz gegeben sein.

Das Suchen nach den BtM in den natürlichen Körperöffnungen ist eine Durchsuchung nach § 102 StPO, weil *körperfremde* Gegenstände, nämlich Rauschgift, gesucht wird. Ein bloßer Augenschein, wie im Sachverhalt die Nachschau in der Gesäßfalte, ist noch keine körperliche Untersuchung nach § 81a StPO, weil nicht die körperliche Beschaffenheit/Funktion überprüft wird. *(Gleiches gilt für Kontrolle des Mundraums nach Rauschgiftplomben, vgl. Urteil OLG Celle vom 05.11.1996, 3 Ss 140/96, NJW 1997, 2463.)**

2.2.2 Adressat der Maßnahme

Im Sachverhalt ist Clare Verdächtiger eines Ladendiebstahls und ist ferner des unerlaubten Besitzes von BtM verdächtig. Er ist damit Adressat der Maßnahme.

2.3 Rechtsfolge

Clare muss die Durchsuchung seiner Person erdulden.

2.4 Verhältnismäßigkeit

Die Durchsuchung des Verdächtigen war erforderlich. Wäre sie nicht vorgenommen worden, wären wichtige Beweismittel für das Strafverfahren nicht aufgefunden worden.

Ein milderes Mittel mit gleicher Erfolgsaussicht kam hier nicht in Betracht.

Die Durchsuchung war geeignet, da sie ein taugliches Mittel war, um vermutete Beweismittel aufzufinden.

---

* So auch BayVGH, Entscheidung vom 16.07.1998, NVwZ-RR 1999, 310.

Sie stand im Verhältnis zur Schwere der Tat(en) und zur Stärke des Tatverdachts. Daher war sie auch im engeren Sinne verhältnismäßig.

3. Formelle Rechtmäßigkeit

3.1 Anordnungskompetenz

Gem. § 105 Abs. 1 StPO dürfen Durchsuchungen nur vom Richter, bei Gefahr im Verzug auch von der Staatsanwaltschaft und deren Ermittlungspersonen angeordnet werden.

Es muss von Gefahr im Verzug ausgegangen werden. Wollten die Beamten einen richterlichen Beschluss zur Durchsuchung des Clare herbeiführen, müssten sie einen solchen über die Staatsanwaltschaft nach § 162 StPO beantragen. Diese Wartezeit auf eine richterliche Entscheidung würde aber den Grundrechtseingriff beim Beschuldigten im Bereich der Freiheit der Person intensivieren oder verlängern. Das entspricht nicht dem Grundsatz des „mildesten Mittels". Die Gefahr im Verzug liegt hier also nicht im drohenden Beweismittelverlust (die Beamten beobachten ja ständig den Clare), sondern in der ansonsten zwangsläufig entstehenden erheblichen Verlängerung der Zeitspanne, in der Clare festgehalten werden müsste.

4. Form- und Fristbestimmungen

In diesem Fall ist § 81d StPO zu beachten: Personen dürfen nur von Personen gleichen Geschlechts durchsucht werden. Dem wurde im Sachverhalt entsprochen.

5. Ergebnis

Demnach war die Anordnung der Durchsuchung durch PK Weiß (er ist Ermittlungsperson der Staatsanwaltschaft) rechtmäßig.

Anmerkung:

Vgl. zur Begründung und Annahme der Gefahr im Verzug die Entscheidung des LG Hamburg vom 06.05.2010 (603 Qs 165/10). Dieses Urteil ist analog mit gleicher Begründung in diesem Sachverhalt anwendbar. … „Gefahr im Verzug ist anzunehmen, wenn sich der Beschuldigte nach erfolgter Identitätsfeststellung gegen den Willen der Beamten vom Einsatzort entfernen will. Ohne sofortige Anordnung drohe Beweismittelverlust."

Fall 7: Hotelzimmer

Sachverhalt:

Am Donnerstag, den 17.10.2019, sind Sie gegen 00.30 Uhr mit POM Gut mit dem Funkstreifenwagen unterwegs.

Sie erhalten den Auftrag, wegen eines Einbruchs in die Waldeckstraße 13 nach Göppingen zu fahren. Dort habe ein Hausbesitzer zwei männliche Täter, die aufgrund der Dunkelheit nicht näher beschrieben werden können, überrascht, als sie gerade sein Einfamilienhaus verließen und mit ihrem Pkw flüchteten. Bei dem Versuch, die beiden Täter aufzuhalten, sei er von ihnen niedergeschlagen worden. Bei dem Pkw handelt es sich lt. Aussage des Hausbesitzers um einen weißen VW Tiguan mit dem amtlichen Kennzeichen F–AS und vier Ziffern.

Während Ihrer Fahrt zum Tatort kommt Ihnen besagter PKW entgegen. Mit einer zweiten Streifenwagenbesatzung, die sich ebenfalls auf der Anfahrt befindet, gelingt es Ihnen, den VW Tiguan zu stoppen. Sie fordern die beiden Männer auf, auszusteigen, und eröffnen ihnen den Tatvorhalt. Sie verlangen deren Ausweise.

Es handelt sich um den 32-jährigen Mark Weiß und den 36-jährigen Heiko Schwarz. Im polizeilichen Informationssystem sind beide mit Eigentumsdelikten erfasst. Sodann werden die Männer und ihr Pkw nach Beweismitteln durchsucht. Dabei finden Sie auf dem Fahrzeugboden zwischen den Sitzen eine Rohrzange, einen Schraubendreher sowie etliche Schmuckstücke (Goldketten, Ringe, Armbanduhr) und Goldbarren im Gesamtwert von ca. 10.000 €. Diese Gegenstände werden gegen den Willen der beiden Tatverdächtigen einbehalten. Sie entdecken im Handschuhfach des Pkw einen Zimmerschlüssel des Hotels „Hohenstaufen“ in Göppingen sowie die auf Heiko Schwarz ausgestellte Zulassungsbescheinigung Teil I des VW Tiguan.

Während Mark Weiß und Heiko Schwarz von weiteren Streifenwagenbesatzungen getrennt zur Dienststelle verbracht werden, besichtigen Sie den Tatort und stellen dabei Folgendes fest:

Das Türschloss der Eingangstüre wurde „abgekippt“ (Schlossteil liegt auf dem Boden). Die weitere Tatortbefundaufnahme ergibt, dass die Täter nach Aufbrechen der Haustür sämtliche Räume im Erdgeschoss und ersten Stock des Hauses durchsuchten. Dabei wurden Schränke und Schubladen geöffnet. Ein Schreibtisch wurde aufgebrochen.

Die Vernehmung des Hausbesitzers Ignaz Bernstein ergibt, dass er gegen 00.15 Uhr von einer Feier zurückgekehrt sei und ihm beim Betreten seines Grundstückes zwei männliche Personen entgegengekommen seien. Als er sie ansprach, habe ihn einer der beiden mit der Faust ins Gesicht und in die Rippen geschlagen.

Daher rühre auch die Platzwunde über dem linken Auge. Dennoch sei es ihm gelungen, das Kennzeichen des Pkw der flüchtenden Personen zu erkennen. Er bestätigt, dass es sich bei den einbehaltenen Schmuckstücken und Goldbarren um sein Eigentum handelt. Anhand individueller Merkmale kann dies bestätigt werden.

Eine Überprüfung beim Hotel „Hohenstaufen" ergibt, dass die beiden seit drei Tagen dort zusammen mit einem weiteren Mann, der sich mit dem Namen Heinrich Braun eingemietet hat, ein Hotelzimmer bewohnen. Da in den vergangenen Wochen mehrere Einbrüche in dieser Gegend stattgefunden haben, wird das Hotelzimmer gegen 02.00 Uhr von den Beamten PHM Ludwig und POM Schulz nach weiteren Beweismitteln durchsucht. In einem Schrank des Zimmers werden jedoch lediglich Hotelrechnungen der beiden Tatverdächtigen gefunden. Die dritte Person (Heinrich Braun) ist nicht anwesend. Eine Wohnsitzüberprüfung ergibt, dass die beiden bereits vor einigen Wochen aus der gemeinsam genutzten Wohnung in Frankfurt/M. nach unbekannt abgemeldet wurden. Die Abfrage in den polizeilichen Dateien ergibt, dass beide mehrere Vorgänge in den Bereichen Diebstahl, schwerer Diebstahl und Hehlerei haben.

Aufgabe:

Erläutern und begründen Sie die Rechtmäßigkeit der strafprozessualen Durchsuchungsmaßnahmen.

Gehen Sie bei Ziffer 3 (Formelle Rechtmäßigkeit) und Ziffer 4 (Formen und Fristen) nur auf die Durchsuchung des Hotelzimmers ein.

Lösungsvorschlag:

1. Vorprüfung

Ein Anfangsverdacht nach § 152 Abs. 2 StPO liegt vor, wenn es aufgrund konkreter Tatsachen nach kriminalistischer Erfahrung als möglich erscheint, dass eine verfolgbare Straftat begangen wurde. Bloße Vermutungen reichen hierzu nicht aus. Verdächtiger ist, wer als Täter oder Teilnehmer einer Straftat in Betracht kommt. Zunächst meldet der Hausbesitzer einen Diebstahl bzw. eine Körperverletzung.

Schwarz und Weiß kommen als Täter des Einbruchdiebstahls bzw. des räuberischen Diebstahls in Frage, weil sie von der Streife kurz nach der Tat im Fluchtfahrzeug angetroffen wurden, das der Zeuge ziemlich genau beschrieben hatte (Tiguan F–AS ????). Im Übrigen sprach der Zeuge von zwei männlichen Tätern, was ebenfalls zutrifft, da zwei Männer im VW Tiguan sind.

Die Beamten sind somit verpflichtet, nach dem Legalitätsprinzip (§ 163 StPO) einzuschreiten und alle Maßnahmen zu treffen, um die Verdunkelung der Sachen zu verhüten. Sie werden strafverfolgend tätig und alle weiteren Maßnahmen richten sich nach der StPO.

2. Materielle Rechtmäßigkeit

2.1 Auswahl der Eingriffsermächtigung

Zweck der Maßnahme ist die Durchsuchung der Verdächtigen, um Beweismittel aufzufinden.

2.2 Voraussetzungen der Eingriffsermächtigung

2.2.1 Zweck/Tatbestandsvoraussetzungen

Die Durchsuchungen finden nach § 102 StPO statt. Diese Bestimmung regelt die Durchsuchung beim Verdächtigen. § 102 StPO erfordert des Weiteren eine Auffindungsvermutung. Nach kriminalistischer Erfahrung haben Einbrecher, insbesondere wenn sie auf frischer Tat betroffen werden, oftmals Diebesgut oder Tatwerkzeuge in der Kleidung verwahrt. Diese Gegenstände sind Beweismittel, da durch sie den Tätern die Straftat nachgewiesen werden kann. Zweck der Durchsuchungen der Personen ist also, bei ihnen Beweismittel zu finden.

Gem. § 102 StPO darf der verdächtige Täter oder Teilnehmer einer Straftat durchsucht werden, wenn zu vermuten ist, dass die Durchsuchung zum Auffinden von Beweismitteln führt. Von der Durchsuchung des Schwarz und des Weiß erhofft sich die Polizei, dass Diebesgut oder Tatwerkzeuge, die die Täter in der Kleidung bzw. am Körper versteckt halten, gefunden werden.

§ 102 StPO gestattet ebenso die Durchsuchung „der mitgeführten Sachen". Da die beiden Männer im Pkw VW Tiguan angehalten werden, sind sie Benutzer desselben und somit unterliegt das Fahrzeug dem Begriff „mitgeführte Sache." (Beide üben den Besitz aus, was ausreichend ist. Auf die Eigentumsverhältnisse kommt es nicht an.)

Hinsichtlich des Durchsuchungszwecks (Beweismittel) und der Auffindevermutung (Diebesgut und Tatwerkzeug) gelten analog die Begründungen zur „Durchsuchung der Personen".

Es ist naheliegend, dass bei Tätern unmittelbar nach Tatbegehung in deren Pkw Diebesgut bzw. Tatwerkzeug gefunden werden kann.*

Ferner wird das von Schwarz und Weiß bewohnte Hotelzimmer im Hotel „Hohenstaufen" durchsucht. Rechtsgrundlage hierfür ist ebenfalls § 102 StPO, der auch eine Wohnungsdurchsuchung aus den bereits oben erläuterten Gründen zulässt. Wohnung ist jedes Raumgebilde, das nicht für jedermann zugänglich ist und in dem Privatsphäre entwickelt wird. Die Dauer der Nutzung spielt keine Rolle.

Insofern fällt auch das seit drei Tagen bewohnte Hotelzimmer unter den Begriff „Wohnung". Grundrechtsträger sind alle darin wohnenden Personen. Abzugrenzen ist § 102 StPO im Beispielfalle von § 103 StPO, der Wohnungsdurchsuchung bei „anderen Personen", also beim Unverdächtigen.

Neben Schwarz und Weiß bewohnt noch ein gewisser Heinrich Braun das Hotelzimmer, dessen Beteiligung am Tatgeschehen noch unklar ist.

Dies ist jedoch unerheblich, denn wenn Verdächtiger und Unverdächtiger gemeinsam die Wohnung nutzen, kann stets unter den erleichterten Voraussetzungen des § 102 StPO durchsucht werden. So liegt der Fall hier, sodass eindeutig nach § 102 StPO durchsucht wird.

Zweck der Wohnungsdurchsuchung ist entweder das Auffinden von Beweismitteln oder die Ergreifung des Verdächtigen.

Hier könnten beide Zielrichtungen zutreffen, denn es liegt nicht fern, dass noch weitere Täter (Hintermänner) oder Teilnehmer an der Tat beteiligt sind und im Hotelzimmer die Rückkehr der Einbrecher vom „Beutezug" abwarten.

Ferner besteht die Möglichkeit, dass auch in der Wohnung, hier im Hotelzimmer, Diebesgut bzw. weitere Tatwerkzeuge, also Beweismittel, verwahrt werden.

---

* Vgl. hierzu auch BVerfG, Entscheidung vom 24.01.2013, StV 2013, 609

Auch hier besteht für beide Varianten eine begründete Auffindevermutung. Insbesondere bei Wohnungseinbrüchen warten die Abnehmer (Hehler) oft schon darauf, das Stehlgut in Empfang nehmen zu können. Das auf Schwarz zugelassene Frankfurter Fahrzeug, in Göppingen zum Einbruch benutzt, lässt auf eine überregionale Tatbegehung schließen, bei der sehr wohl die Hintermänner im gemeinsamen Hotelzimmer warten könnten. Verstärkt wird diese Vermutung dadurch, dass bereits in den vergangenen Wochen in der weiteren Umgebung des Tatorts verschiedene Einbrüche stattgefunden haben. Es bestehen also Anhaltspunkte dafür, dass hier evtl. sogar eine bandenmäßige Begehung vorliegt.

Die Wohnungsdurchsuchung liegt hier gleichrangig als Ergreifungsdurchsuchung einerseits sowie als Ermittlungsdurchsuchung zur Auffindung von Beweismitteln andererseits vor.

2.2.2 Adressat der Maßnahme

Weiß und Schwarz sind als Verdächtige eines Wohnungseinbruchdiebstahls und eines räuberischen Diebstahls richtige Adressaten der Maßnahme. Verdächtig ist, wer als Täter oder Teilnehmer einer verfolgbaren Straftat aufgrund konkreter Anhaltspunkte in Betracht kommt. Bloße Vermutungen reichen hierbei jedoch nicht aus. Aufgrund der Zeugenaussage und den Wahrnehmungen der Streife liegt die Verdächtigeneigenschaft vor.

2.3 Rechtsfolge

Aufgrund des Vorliegens der geforderten Tatbestandsvoraussetzungen müssen Weiß und Schwarz die Durchsuchung dulden.

2.4 Verhältnismäßigkeit

Die Durchsuchung der Person(en), der mitgeführten Sache (Tiguan) und des Hotelzimmers war erforderlich, da ohne sie belastende Beweismittel im Verfahren gegen die Beschuldigten unberücksichtigt geblieben wären.

Sie war ferner notwendig, um weitere evtl. Tatbeteiligte ergreifen zu können. Wäre die Durchsuchung unterblieben, hätte dies der Verpflichtung aus dem Legalitätsprinzip widersprochen, alle „keinen Aufschub gestattenden Anordnungen zu treffen, um die Verdunkelung der Sache zu verhüten."

Die Durchsuchung war geeignet, da nur durch die sofortige Überprüfung des Hotelzimmers weitere Verdächtige und belastende Beweise festzustellen waren.

Die Durchsuchung war schließlich auch im engeren Sinn verhältnismäßig. Sie stand im Verhältnis zur Schwere der Straftaten (Wohnungseinbruchdiebstahl, räuberischer Diebstahl) und zur Stärke des Tatverdachts.

3. Formelle Rechtmäßigkeit

3.1 Anordnungskompetenz

Nach § 105 Abs. 1 StPO obliegt die Anordnung einer Wohnungsdurchsuchung dem Richter, bei Gefahr im Verzug der Staatsanwaltschaft und ihren Ermittlungspersonen (Richtervorbehalt).

Bei Gefahr im Verzug sind auch die Staatsanwaltschaft und deren Ermittlungspersonen zur Anordnung der Durchsuchung berechtigt (so genannte Annexkompetenz).

Gefahr im Verzuge lässt sich hier begründen, da die Herbeiführung einer richterlichen Entscheidung den Untersuchungserfolg vereiteln oder erheblich erschweren würde. Es wäre in diesem Sachverhalt zwar gesetzlich geboten, aber für das Verfahren riskant, eine richterliche Entscheidung abzuwarten. Eine solche kann, da sie über die Staatsanwaltschaft beantragt werden muss, eine halbe Stunde und länger dauern. In dieser Zeitspanne könnten weitere, möglicherweise an der Tat beteiligte Täter oder Teilnehmer misstrauisch auf das lange Fortbleiben ihrer Tatgenossen reagieren. Die Streife weiß auch bereits vor der Durchsuchung, dass sich die beiden Festgenommenen zusammen mit einem „Heinrich Braun" ein Zimmer angemietet haben. In welcher Beziehung Braun zu den Festgenommenen steht, ist den Beamten aber nicht bekannt.

Beim Wohnungseinbruchdiebstahl muss in aller Regel von einer gewissen Professionalität der Täter mit schneller Tatausführung ausgegangen werden; nicht selten sind es sehr mobile Banden mit bester Logistik, die diese Taten verüben. Schon allein die Tatsache, dass die festgenommenen Täter evtl. nicht mehr per Handy erreichbar sind, begründet eine mögliche Vereitelung des Verfahrens. Ein sofortiges Tätigwerden der Polizeibeamten ist daher unerlässlich. Wenn mögliche weitere Tatbeteiligte Verdacht schöpfen würden, würden sich diese augenblicklich unter Beseitigung der Beweise aus dem Hotel absetzen, um unerkannt zu entkommen. Schon der Versuch einer richterlichen Entscheidung über die Staatsanwaltschaft würde hier einen nicht verantwortbaren Zeitverzug mit sich bringen.

Hier liegt ein beispielhafter Fall für die Ausnahmeregelung der Gefahr im Verzug vor, die das BVerfG zulässt. Denn die richterliche Anordnung soll der Normalfall sein, Gefahr im Verzug die Ausnahme. Nur wenn Beweismittelverlust droht oder die Aufklärung der Straftat zu scheitern droht, ist Gefahr im Verzug begründbar.*

Da die beiden Beamten Ermittlungspersonen der Staatsanwaltschaft sind, sind sie zur Anordnung berechtigt.

4. Form- und Fristbestimmungen

4.1 Nachtzeit

§ 104 Abs. 1 StPO regelt die Wohnungsdurchsuchung zur Nachtzeit. Diese Bestimmung ist hier zu beachten, da die Durchsuchung zur Nachtzeit (Nachtzeit im Sommerhalbjahr von 21–4 Uhr, § 104 Abs. 3 StPO) erfolgt. Eine nächtliche Haussuchung ist nach § 104 Abs. 1 StPO bei Gefahr im Verzug möglich. Diese ist hier anzunehmen; die Gründe sind dieselben wie bei § 105 Abs. 1 StPO. Eine Aufschiebung bis zum Tagesbeginn würde deren Erfolg nicht nur gefährden, sondern mit Sicherheit vereiteln.

4.2 Zeugen

Nach § 105 Abs. 2 StPO sind, wenn möglich, ein Gemeindebeamter oder zwei Einwohner der Gemeinde als Zeugen zur Wohnungsdurchsuchung hinzuzuziehen. Dies ist hier nicht möglich, da es sich um keine vorbereitete, sondern um eine spontan erfolgte Durchsuchung handelt. Für die Streife ist es um 02.00 Uhr nicht oder nur schwerlich möglich, innerhalb des Hotelpersonals Zeugen zu „rekrutieren“. Ein hierdurch entstehender Zeitverlust oder die Wahrnehmung der Polizei im Hotel durch Mittäter könnte zur Vereitelung des Durchsuchungserfolgs führen. Diese wesentliche Formvorschrift wurde nach pflichtgemäßem Ermessen geprüft mit dem Ergebnis, dass eine Zeugenhinzuziehung nicht möglich war.

4.3 Anwesenheit

§ 106 Abs. 2 StPO gestattet dem Wohnungsinhaber die Anwesenheit während der Wohnungsdurchsuchung, aber nur, wenn er sich bereits am Ort der Durchsuchung befindet. Da die festgenommenen Wohnungsinhaber

* Nach einer Entscheidung des BGH vom 06.10.2016 (2 StR 46/15, Leitsatz 4) sollen aber kriminalistische (hypothetische) Vermutungen u. Ä. keine tragfähige Grundlage mehr für die Annahme von Gefahr im Verzug sein. In der Praxis wird die Kontaktaufnahme mit der StA daher unerlässlich sein, um ggf. ein Beweisverwertungsverbot auszuschließen.

Schwarz und Weiß auf dem Polizeirevier sind, können die Beamten die Wohnung auch in ihrer Abwesenheit durchsuchen, denn die Streife ist nicht verpflichtet, die Wohnungsinhaber „beizuschaffen“.

Analog zu § 105 Abs. 2 StPO ergibt sich auch hier die Unmöglichkeit, in der Kürze der Zeit einen Abwesenheitsvertreter der Wohnungsinhaber hinzuziehen.

4.4 Protokoll

Gemäß § 107 StPO ist den Verdächtigen Schwarz und Weiß sowie Heinrich Braun als weiteren Mitinhaber des Hotelzimmers ein Durchsuchungsprotokoll auszuhändigen. Es muss den Grund der Durchsuchung und die ihnen vorgeworfene Straftat beinhalten. Es wird davon ausgegangen, dass die Beamten dieser Ordnungsvorschrift nachgekommen sind.

5. Ergebnis

Somit war die Durchsuchung der Personen, des VW Tiguan sowie des Hotelzimmers rechtmäßig.

Anmerkung der Verfasser

Zum Problem der vom Verdächtigen und Unverdächtigen gemeinsam genutzter Räume vgl. Wohlers, *SK-StPO, § 102, S. 332, RN 11 sowie OLG Köln, Beschluss vom 26.01.2018, 1 RVs 3/18 (Abschnitt II ausführlich).*

Fall 8: Verkehrsunfallflucht

Sachverhalt:

Am Dienstag, den 29.10.2019, gegen 22.15 Uhr, wird das Polizeirevier Tübingen davon verständigt, dass sich auf der Kreuzung Mühlstraße/Am Lustnauer Tor ein Verkehrsunfall mit Sachschaden ereignet habe.

Am Unfallort stellt die Streife POM Schmid/PMin Hansen Folgendes fest:

Der geschädigte Holzner fuhr auf der Mühlstraße in Richtung Neckarbrücke und musste vor einer roten LSA warten. Plötzlich verspürte er einen dumpfen Schlag. Ein nachfolgender Pkw war auf seinen Pkw aufgefahren.

Am Pkw VW Golf des Holzner entstand ein Sachschaden von ca. 3.000 €. Holzner äußert, dass der Unfallverursacher unerwartet mit hoher Geschwindigkeit geflüchtet sei. Holzner hatte den Eindruck, dass der Unfallverursacher alkoholisiert gewesen sei („Weinfahne“).

Der Fahrer war männlich, ca. 60 Jahre alt. Er habe einen roten „Familienbus“ (Großraumlimousine) gefahren, dessen Marke ihm aber nicht bekannt sei.

An der Unfallstelle meldet sich ein Zeuge, der sich das Kennzeichen TÜ – BM 4954 notiert hatte.

Eine Halterfeststellung ergibt, dass es sich hierbei um einen Pkw Opel Zafira handelt, zugelassen auf

Bernd Meth
geb. 4. 9. 1954/Göttingen
wohnhaft: Züricher Str. 73
72072 Tübingen

Eine Online-Wohnsitzüberprüfung bestätigt die Adresse und ergibt, dass dort noch Isolde Meth-Fessel gemeldet ist.

Die Streife, POM Schmid/PMin Hansen, fährt zur Halteradresse. Auf Klingeln öffnet eine weibliche Person, die sich als Isolde Meth-Fessel vorstellt. Die Bitte der Streife: „Können wir mal Ihren Mann sprechen?“ begegnet Frau Meth-Fessel mit der Antwort: „Er ist nicht zu Hause. Wahrscheinlich übernachtet er mal wieder bei seinem Schätzchen!“

Nach Belehrung über ihr Zeugnisverweigerungsrecht teilt Frau Meth-Fessel mit, dass ihr Mann und sie sich trennen werden, da er mit seiner Sekretärin ein Verhältnis habe. Die Streife erfährt deren Personalien:

Ina Vogt
Ammertalbahnstraße 68
72074 Tübingen-Unterjesingen

Die Streife fährt den mutmaßlichen Aufenthaltsort des Unfallverursachers an. Während der Anfahrt lässt sie sich eine Wohnungsdurchsuchung nach Rücksprache mit der Staatsanwaltschaft richterlich anordnen.

An der Adresse steht ein Pkw Opel Zafira, Farbe rot, amtliches Kennzeichen: TÜ – BM 4954, mit Unfallschaden im Frontbereich. Erst nach mehrmaligem Klingeln öffnet ihnen die Wohnungsinhaberin, Frau Vogt, und äußert ungehalten: „Verschwinden Sie, Sie haben kein Recht, die Wohnung eines unbescholtenen Bürgers zu betreten!"

PMin Hansen bittet Frau Vogt, Herrn Meth herbeizurufen. Darauf antwortet sie lakonisch: „Einen Teufel werd' ich tun!"

Die Androhung von PMin Hansen, dass die Polizei ggf. die Wohnung durchsuchen werde, da Anhaltspunkte für die Anwesenheit von Bernd Meth in der Wohnung bestehen, lässt Frau Vogt unbeeindruckt. „Dann tun Sie eben, was Sie nicht lassen können! Ich finde das völlig unangebracht!"

PMin Hansen kündigt daraufhin eine Wohnungsdurchsuchung an.

Im Verlauf der Wohnungsdurchsuchung wird eine männliche Person auf der Couch im Wohnzimmer angetroffen, die sich nach Tatvorhalt als Bernd Meth ausweist. Nach Belehrung räumt er die „Unfallflucht" ein. Da er merklich unter Alkoholeinwirkung steht, wird bei ihm anschließend eine Blutentnahme durchgeführt.

Aufgabe:

Erläutern und begründen Sie die Rechtmäßigkeit der Wohnungsdurchsuchung bei Frau Vogt!

Lösungsvorschlag:

1. Vorprüfung

Ein Anfangsverdacht liegt vor, wenn es aufgrund konkreter Tatsachen nach kriminalistischer Erfahrung als möglich erscheint, dass eine verfolgbare Straftat begangen wurde. Bloße Vermutungen reichen hierzu nicht aus.

Verdächtiger ist, wer als Täter oder Teilnehmer einer Straftat in Betracht kommt.

Bernd Meth kommt als Täter der Verkehrsunfallflucht in Frage, weil das Unfall verursachende Fahrzeug auf ihn zugelassen ist. Somit liegen zureichende tatsächliche Anhaltspunkte nach § 152 Abs. 2 StPO für eine Straftat (§§ 142, 315c StGB) vor. Die Streife wird nach § 163 StPO strafverfolgend tätig.

2. Materielle Rechtmäßigkeit

2.1 Auswahl der Eingriffsermächtigung

Zweck der Maßnahme ist die Durchsuchung der Wohnung von Frau Vogt als andere Person zur Ergreifung des Beschuldigten. Damit ist § 103 StPO die einschlägige Rechtsgrundlage.

2.2 Voraussetzung der Eingriffsermächtigung

2.2.1 Zweck/Tatbestandsvoraussetzungen

§ 103 StPO lässt eine Durchsuchung bei anderen Personen zu, u.a. zur Ergreifung des Beschuldigten. Weil der Beschuldigte Meth offensichtlich keinen Mitbesitz an der Wohnung hat, dort nur gelegentlich nächtigt, also Gast ist, muss die Streife von den erhöhten Anforderungen des § 103 StPO ausgehen.

Durchsuchungszweck ist die „Ergreifung des Beschuldigten“. „Ergreifen“ ist jedes Festhalten zur Durchführung einer nach der StPO zulässigen Zwangsmaßnahme. Die Ergreifung soll weitere notwendige Maßnahmen der StPO gewährleisten: Identitätsfeststellung nach § 163b Abs. 1 StPO, eine evtl. erforderliche Blutentnahme nach § 81a StPO bzw. ggf. eine Einbehaltung des Führerscheins nach § 94 Abs. 3 StPO, ggf. Ergreifung für eine erkennungsdienstliche Behandlung nach § 81b 1. Alt. StPO (Fotos fertigen für eine Wahllichtbildvorlage beim Geschädigten).

Der Kfz-Führer des Pkw Opel Zafira, TÜ – BM 4954, ist Beschuldigter, da er für das unerlaubte Entfernen sowie eine Gefährdung des Straßenverkehrs konkret in Betracht kommt. Nach den Aussagen des Unfallgeschädigten handelt es sich bei dem Unfallflüchtigen um eine männliche Person, ca. 60 Jahre alt. Die Zulassung des Kfz ergibt eine 63-jährige männliche Person, sodass hier die Verdächtigeneigenschaft (Halter war auch Kfz-Führer) nahe liegt. Dadurch, dass sein Pkw vor der Wohnung steht, die seine Ehefrau genannt hat, lässt sich die Beschuldigteneigenschaft begründen. Die Streife betreibt ihre Strafverfolgungsmaßnahmen konkret gegen ihn.

Nach § 103 StPO müssen (konkrete) Tatsachen vorliegen, dass sich der Beschuldigte in der Wohnung des Unverdächtigen aufhält. Diese Tatsachen sind einerseits der glaubwürdige Hinweis seiner Ehefrau auf den gegenwärtigen Aufenthaltsort und andererseits das vor dem genannten Anwesen geparkte, unfallbeschädigte Fahrzeug.

2.2.2 Adressat der Maßnahme

Frau Vogt ist Inhaberin der Wohnung. Unverdächtiger ist, wer nicht als Täter oder Teilnehmer in Betracht kommt oder wegen erkennbarer Schuldunfähigkeit nicht verfolgt werden darf. Frau Vogt ist als Unverdächtige anzusehen. Durchsuchungsobjekt ist die Wohnung der Unverdächtigen. Wohnung ist jeder nicht allgemein zugängliche Raum, in dem Privatsphäre entwickelt wird, so auch die Wohnung von Frau Vogt.

2.3 Rechtsfolge

Frau Vogt muss die Durchsuchung ihrer Wohnung nach dem Beschuldigten hinnehmen.

2.4 Verhältnismäßigkeit

Die Durchsuchung bei der Unverdächtigen (Ina Vogt) war erforderlich, da ohne diese Durchsuchung die notwendigen Maßnahmen gegen den Verdächtigen nicht möglich gewesen wären. Mildere Mittel waren durch die Streife versucht worden (Bitte an Frau Vogt, Herrn Meth zu holen), blieben indes ohne Erfolg.

Die Durchsuchung war ferner geeignet, den polizeilichen Zweck zu erreichen, da erst durch die sofortige Überprüfung des mutmaßlichen Pkw-Lenkers Meth seine Beteiligung am Verkehrsunfall und seine Verkehrsuntüchtigkeit festgestellt werden konnte.

Die Durchsuchung war schließlich auch im engeren Sinn verhältnismäßig. Der Grundrechtseingriff bei Frau Vogt stand im Verhältnis zur Verfolgung der begangenen Straftaten, die bedeutende Vergehen darstellen.

3. Formelle Rechtmäßigkeit

3.1 Anordnungskompetenz

Nach § 105 Abs. 1 StPO obliegt die Anordnung einer Wohnungsdurchsuchung dem Richter, bei Gefahr im Verzug der Staatsanwaltschaft und ihren Ermittlungspersonen (Richtervorbehalt).

Bei Gefahr im Verzug sind auch die Staatsanwaltschaft und deren Ermittlungspersonen zur Anordnung der Durchsuchung berechtigt (sogenannte Annexkompetenz).

Gefahr im Verzuge lässt sich hier schwerlich begründen, da die Herbeiführung einer richterlichen Entscheidung bereits bei der Anfahrt zum mutmaßlichen Aufenthaltsort des Unfallflüchtigen über Handy veranlasst werden kann (siehe auch BGH, Entscheidung vom 30.08.2011, NStZ 2012, 104).

Aus diesem Grunde war die richterliche Anordnung im Sachverhalt angezeigt.*

4. Form- und Fristbestimmungen

4.1 Nachtzeit

§ 104 Abs. 1 StPO regelt die Wohnungsdurchsuchung zur Nachtzeit. Diese Bestimmung ist hier zu beachten, da die Durchsuchung zur Nachtzeit nach Mitternacht (vgl. Definition § 104 Abs. 3 StPO) erfolgt. Eine nächtliche Hausdurchsuchung ist nach § 104 Abs. 1 StPO bei Gefahr im Verzug möglich. Diese ist hier anzunehmen. Eine Aufschiebung der Durchsuchung bis zum Tagesbeginn würde deren Erfolg gefährden, nämlich tatzeitnah eine Blutprobe beim Beschuldigten zu entnehmen. Ferner bestünde die Gefahr eines Nachtrunks.

4.2 Zeugen

Nach § 105 Abs. 2 StPO sind, wenn möglich, ein Gemeindebeamter oder zwei Einwohner der Gemeinde als Zeuge zur Wohnungsdurchsuchung hin-

---

* Die einschlägige Rechtsprechung stellt sehr hohe Anforderungen an die Geltendmachung von Gefahr im Verzug. Das Richterprivileg sollte, wenn der Untersuchungserfolg nicht gefährdet erscheint, unbedingt beachtet werden, vgl. BVerfGE 103, 142 ff. („... denn die richterliche Anordnung der Wohnungsdurchsuchung ist die Regel, die polizeiliche die Ausnahme“); vgl. auch BVerfG, Beschluss vom 16.06.2015, 2 BvR 2718/10, sowie BVerfG, 2 BvR 876/06, und insbesondere BGH 5 StR 546/06 (2. Leitsatz). Siehe hierzu auch Fall 9.

zuzuziehen. Dies ist hier nicht möglich, da es sich um keine vorbereitete, sondern um eine spontan aus dem Ermittlungsverlauf heraus erfolgte Durchsuchung handelt. Für die Streife ist es nicht möglich, auf der „Hausschwelle“ noch Zeugen aufzutreiben.

Diese wesentliche Formvorschrift wurde nach pflichtgemäßem Ermessen geprüft mit dem Ergebnis, dass eine Zeugenhinzuziehung nicht möglich war.

4.3 Anwesenheit

§ 106 Abs. 2 StPO gestattet dem Wohnungsinhaber die Anwesenheit während der Wohnungsdurchsuchung. Dieses Recht wurde Frau Vogt eingeräumt. Auch ist ihr – wie in § 106 Abs. 2 StPO vorgesehen – vor der Durchsuchung deren Grund (Auffinden und Ergreifen des Beschuldigten Meth) genannt worden.

5. Ergebnis

Die Durchsuchung der Wohnung durch die Beamten war rechtmäßig.

Anmerkung:

Es sind oft alltägliche Fälle der Straßenverkehrsgefährdung mit anschließendem unerlaubten Entfernen vom Unfallort, die polizeiliche Folgemaßnahmen nach sich ziehen. Insbesondere zur Nachtzeit wird dann strittig diskutiert, ob ein u. U. gewaltsames Eindringen in die Wohnung zur Ergreifung des (konkret) tatverdächtigen Unfallverursachers rechtmäßig bzw. verhältnismäßig ist.

Diese Problematik stellt sich heute für die Polizei so gut wie nicht mehr, denn sie muss regelmäßig versuchen, die Anordnung eines zuständigen Richters zu erlangen. Diesem obliegt dann die Entscheidung einer nächtlichen Wohnungsdurchsuchung. Nur bei begründbarer Gefahr im Verzug können auch die Staatsanwaltschaft (in 1. Linie) und Polizeibeamte, die Ermittlungspersonen der Staatsanwaltschaft sind, die Wohnungsdurchsuchung selbst anordnen. Die Polizei muss zuvor aber (mehrfach) versucht haben, einen Richter zu erreichen.

Die Grenzen eigenmächtiger polizeilicher Eingriffe in die Unverletzlichkeit der Wohnung zeigen in aller Deutlichkeit die Leitsätze 1 und 2 des BGH-Urteils vom 18.04.2007 (BGH 5 StR 546/06) auf, vgl. auch BGH 2 StR 46/15.

Ebenso AG Frankfurt/M., Urteil vom 10.12.2012, 942 Ls 5320 Js 217998/12 (StV 2013, 380).

Fall 9: Tatwaffe im Pkw vermutet

Sachverhalt:

Der marokkanische Autohändler Amir B. wird wegen des dringenden Verdachts einer am 18.10.2019 mittels einer Waffe in Mannheim begangenen gefährlichen Körperverletzung am Montag, den 21.10.2019, vorläufig festgenommen.

Gegen ihn wird aufgrund von Fluchtgefahr wegen dieser Tat am gleichen Tag ein Haftbefehl erlassen; Amir B. wird in Untersuchungshaft genommen.

Im Rahmen der strafrechtlichen Ermittlungen erfahren die Ermittlungsbeamten des Bezirksdiensts (PMAin Berta und PHK Benz) am 28.10.2019 von der Verkehrspolizeidirektion Mannheim, dass am Sonntagabend, dem 20.10.2019 der auf Amir B. zugelassene Pkw Mercedes S 63 AMG Coupé als so genanntes Poserfahrzeug zur Erstellung eines technischen Gutachtens von der Verkehrspolizei sichergestellt wurde. Amir B. sei Fahrer des Pkw gewesen. Somit wurde auch der passende Fahrzeugschlüssel zu diesem Fahrzeug sichergestellt.

Da die Ermittlungsbeamten aufgrund hinreichender tatsächlicher Anhaltspunkte vermuten, dass sich in diesem Fahrzeug die bei der Straftat verwendete Tatwaffe (Laguiole-Messer) befindet, informieren sie Oberstaatsanwalt Olten, der an diesem Montag als Vertreter der an sich zuständigen Dezernentin zuständig ist. Olten, dem nicht bewusst ist, dass die den Ermittlungen zugrunde liegende (Anlass)Straftat bereits zehn Tage zurückliegt, ordnet wegen Gefahr im Verzug die sofortige Durchsuchung des Pkw des Amir B. an, ohne zuvor zu versuchen, eine richterliche Anordnung zu erlangen. Die Anordnung des Oberstaatsanwalts wird weder schriftlich dokumentiert noch werden die die Dringlichkeit rechtfertigenden Tatsachen (schriftlich) begründet.

Um 13.35 Uhr durchsuchen die Ermittlungsbeamten Berta und Benz den Pkw des Amir und finden dabei zufällig knapp 110 Gramm Kokain unter einem dafür eigens eingefassten doppelten Boden der Mittelkonsole. Die gesuchte Tatwaffe, das Laguiole-Messer, finden sie nicht.

Amir B. wird nun (auch) wegen Handeltreibens mit Betäubungsmitteln in nicht geringer Menge nach § 29a Abs. 1 Nr. 2 BtMG verfolgt.

Da der ursprünglich wegen gefährlicher Körperverletzung erlassene Haftbefehl gegen eine Meldeauflage außer Vollzug gesetzt werden soll, beantragt die Sachbearbeiterin der Kripo Mannheim, KOKin Rühle, bei der Staatsanwaltschaft Mannheim den Erlass eines Haftbefehls gegen Amir B. wegen des Verbrechenstatbestands nach § 29a Abs. 1 Nr. 2 BtMG.

KOKin Rühle liegt der Durchsuchungsbericht der beiden Bezirksdienstbeamten mit allen Einzelheiten vor.

Das Amtsgericht Mannheim erlässt auf Antrag der StA Mannheim den Haftbefehl gegen Amir B.

Aufgabe:

Erläutern und begründen Sie, ob die Durchsuchung der Sache (Pkw) durch die Bezirksdienstbeamten PMAin Berta und PHK Benz rechtmäßig erfolgt ist!

Lösungsvorschlag:

1. Vorprüfung

Ein Anfangsverdacht für eine Straftat (gefährliche Körperverletzung) liegt nach § 152 Abs. 2 StPO vor.

Die Polizeibeamten sind verpflichtet, dem Legalitätsprinzip nach § 163 StPO nachzukommen und strafverfolgend tätig zu werden. Sie haben Straftaten zu erforschen und alle keinen Aufschub gestattenden Anordnungen zu treffen, um die Verdunkelung der Sache zu verhüten. Alle weiteren Maßnahmen richten sich nach der StPO.

2. Materielle Rechtmäßigkeit

2.1 Auswahl der Eingriffsermächtigung

Als Eingriffsermächtigung für die Durchsuchung des Pkw ist § 102 StPO heranzuziehen.

2.2 Voraussetzungen der Eingriffsermächtigung

2.2.1 Zweck/Tatbestandsvoraussetzungen

§ 102 StPO lässt eine Durchsuchung beim Verdächtigen zu. Die Durchsuchung kann sowohl dessen Wohnung als auch die ihm gehörenden Sachen umfassen, wenn zu vermuten ist, dass die Durchsuchung zur Auffindung von Beweismitteln führen werde. Verdächtiger ist, wer als Täter oder Teilnehmer der (Anlass)Straftat in Betracht kommt.

Durchsuchungsobjekt sind die in § 102 StPO genannten „ihm gehörenden Sachen", zu denen auch der auf Amir B. ihn zugelassene Pkw Mercedes AMG zählt.

Durchsuchungszweck ist das Auffinden von Beweismitteln. Die Beamten suchen konkret nach der Tatwaffe der gefährlichen Körperverletzung, dem „Laguiole-Messer.

Nach § 102 StPO muss „zu vermuten sein, dass die Durchsuchung zur Auffindung von Beweismitteln führen werde."

Diese Auffindungsvermutung ist gegeben: Es liegt nahe, dass der von Amir B. am Sonntagabend gesteuerte Pkw Mercedes als Aufbewahrungsort für die Tatwaffe in Betracht kommt. Das Laguiole-Messer könnte durchaus im Pkw abgelegt oder gar versteckt worden sein. Es ist als Beweismittel für die Straftat anzusehen, denn mit ihm ist die gefährliche Körperverletzung begangen worden. Somit ist es Tatmittel; u. U. könnten an ihm noch DNA-Antragungen des Opfers haften.

2.2.2 Adressat der Maßnahme

Amir B. ist Verdächtiger der gefährlichen Körperverletzung. Er ist sogar bereits Beschuldigter, weil sich der Tatverdacht gegen ihn soweit konkretisiert hat, dass gegen ihn gezielt Strafverfolgungsmaßnahmen getroffen wurden, u. a. der Erlass eines Haftbefehls.

2.3 Rechtsfolge

Die Durchsuchung (gezieltes Suchen nach Personen und Sachen oder Spuren) seines Pkw Mercedes AMG muss Amir B. erdulden.

2.4 Verhältnismäßigkeit

Die Durchsuchung beim Verdächtigen war auch im engeren Sinne verhältnismäßig. Sie stand im Verhältnis zur Schwere der Tat (schweres Vergehen) und zur Stärke des Tatverdachts.

3. Formelle Rechtmäßigkeit

3.1 Anordnungskompetenz

Nach § 105 StPO obliegt die Anordnung der Durchsuchung von Sachen dem Richter, bei Gefahr im Verzug der Staatsanwaltschaft und ihren Ermittlungspersonen. (Richtervorbehalt)

Bei Gefahr im Verzug sind auch die Staatsanwaltschaft und deren Ermittlungspersonen zur Anordnung der Durchsuchung berechtigt.

Gefahr im Verzuge lässt sich hier unter keinen Umständen begründen. Die Herbeiführung einer richterlichen Entscheidung würde den Untersuchungserfolg weder vereiteln noch erheblich erschweren. Die Festnahme des Beschuldigten und seine Inhaftierung verhindern den Zugriff Amirs auf die Beweismittel während der Einholung einer richterlichen Anordnung. Zudem steht der sichergestellte Pkw auf einem polizeilichen Verwahrplatz, so dass es Dritten schwerlich möglich ist, an den Pkw zu gelangen.

Die Ermittlungsperson der Staatsanwaltschaft (im Sachverhalt PHK Benz) hat „alle Zeit der Welt“, hier dem Formerfordernis einer richterlich erfolgten Durchsuchungsanordnung nachzukommen.

Da PHK Benz Ermittlungsperson der Staatsanwaltschaft ist, ist er zur Anordnung der Durchsuchung ausschließlich im Falle der Gefahr im Verzug berechtigt. Man spricht hier von der so genannten Annexkompetenz.

Zwar wurde die Anordnung des (unvollständig informierten) Oberstaatsanwalts Olten zur Durchsuchung des Pkw eingeholt. Das ist von Gesetzes wegen – auch bei der Durchsuchung des Pkw – jedoch keinesfalls ausreichend.

§ 105 StPO sieht (im Gegensatz zu einigen Polizeigesetzen der Länder) a u c h bei der Durchsuchung der Person und der ihr gehörenden Sachen eine (ermittlungs)richterliche Anordnung vor. Die Durchsuchung der Sache ist zwar kein Eingriff in das Grundrecht „Unverletzlichkeit der Wohnung“ aus Art. 13 Abs. 2 GG; dennoch liegen hier Grundrechtseingriffe in die Rechtssphäre des Amir B. vor (Eingriff in das Recht auf informationelle Selbstbestimmung, allgemeine Handlungsfreiheit bezüglich der Dispositionsbefugnis über sein Eigentum).

Selbst bei nur durchschnittlichem Wissensstand müssen PHK Benz die Förmlichkeiten des § 105 StPO bekannt sein.

Er hat diese in schwerwiegender Weise missachtet:
- zum einen stützte er die Durchsuchung auf das Vorliegen von Gefahr im Verzug, die (s. Begründung oben) gänzlich auszuschließen war

- zum anderen informierte er Oberstaatsanwalt Olten nicht über die bereits über eine Woche zurückliegende Tat. Ob er die weiteren Ausschlussgründe (Pkw in hoheitlichem Gewahrsam, Amir in U-Haft) für eine auf der Stelle zu erfolgende Durchsuchung mitgeteilt hat, lässt der Sachverhalt nicht erkennen.

Das Fehlen einer richterlichen Durchsuchungsanordnung führt deshalb in diesem Fall zur **Rechtswidrigkeit** der Durchsuchung des Pkw.

4. Form und Fristbestimmungen

Die Prüfung der Formen und Fristen entfällt.

Die Feststellung, dass die formelle Rechtmäßigkeit nicht vorgelegen hat, macht die Prüfung, ob die zur Durchsuchung vorgeschriebenen Formen und Fristen beachtet wurden, logischerweise überflüssig.

5. Ergebnis

Die Durchsuchung des Pkw von Amir B. zur Auffindung der Tatwaffe war **rechtswidrig**.

Anmerkung der Verfasser

Nicht nur die unter gröblichster Verletzung der formellen Rechtmäßigkeit erfolgte Durchsuchung war rechtswidrig, sondern auch die darauf gestützten strafprozessualen Maßnahmen nach Auffinden des Kokains als so genannter Zufallsfund.

Die Rechtswidrigkeit der Durchsuchung führte in diesem Fall zu einem Beweisverwertungsverbot hinsichtlich des bei der Durchsuchung gewonnenen Beweismittels (hier der 110 g Kokain).

Der BGH hob in diesem Fall die Verurteilung durch das Landgericht Frankfurt a.M. wegen Handeltreibens mit BtM in nicht geringer Menge vollumfänglich auf (BGH 2 StR 394/15).

Der zweite Senat bejahte vorliegend ein Beweisverwertungsverbot und stellte dabei insbesondere darauf ab, dass sich der Verstoß gegen die Bestimmung des § 105 StPO als besonders gravierend darstelle, weil Gefahr im Verzug unter keinem Gesichtspunkt bejaht werden könne und zu normalen Dienstzeiten nicht einmal der Versuch unternommen worden sei, eine richterliche Entscheidung zu erwirken.

Zitat aus der Senatsentscheidung:

„Das Fehlen einer richterlichen Durchsuchungsanordnung führt hier zu einem Beweisverwertungsverbot hinsichtlich der bei der Durchsuchung gewonnenen Beweismittel.

Die Annahme eines Beweisverwertungsverbots ist von Verfassung wegen zumindest bei schwerwiegenden, bewussten oder willkürlichen Verfahrensverstößen, bei denen die grundrechtlichen Sicherungen planmäßig oder systematisch außer Acht gelassen worden sind, geboten (BVerfG, Beschl. v. 12.04.2005 – 2 BvR 1027/02, BVerfGE 113, 29, 61; Beschl. v. 16.03.2006 – 2 BvR 954/02, NJW 2006, 2684, 2686; Beschl. v. 20.05.2011 – 2 BvR 2072/10, NJW 2011, 2783, 2784).

Ein solcher schwerwiegender Verstoß liegt aufgrund der oben geschilderten Umstände vor. Der Gesichtspunkt, wonach dem anordnenden Oberstaatsanwalt nicht bewusst gewesen sei, dass die den Ermittlungen zugrunde liegende Straftat bereits zehn Tage zurücklag, ändert an dieser Bewertung nichts. Unbeschadet dessen, dass eine solche Fehlvorstellung auf – nicht nachzuvollziehender – nicht vollständiger Information beruht hat, die der Sphäre der Ermittlungsbehörden zuzurechnen ist, kann dieser Umstand es nicht rechtfertigen, dass noch nicht einmal der Versuch unternommen worden ist, an einem Werktag zu dienstüblichen Zeiten eine richterliche Entscheidung zu erlangen, zumal der Angeklagte sich in Untersuchungshaft befunden hatte.“

C. Fälle zur Beschlagnahme (§ 94 StPO)

Fall 10: Einbrecher und Diebesgut

Sachverhalt:

Am 11.10.2019, einem Freitag, erhält eine Streife des privaten Sicherheitsunternehmens „Security“ um 14.41 Uhr den Auftrag, das Wohnhaus des Vertragspartners Dr. med. Schott in Oberhausen, Gartenstr. 26, zu überprüfen. In dem Objekt wurde die Einbruchmeldeanlage ausgelöst. Dr. Schott ist aktuell auf einer Kreuzfahrt.

Die Security-Mitarbeiter Grob und Pfiffig treffen wenige Minuten später am Objekt ein und können beobachten, wie ein Mann gerade im Begriff ist, den Vorgarten des Anwesens zu verlassen. Es gelingt ihnen, den Mann noch auf dem mit einer niedrigen Hecke eingefriedeten Grundstück zu ergreifen und ihn mit einfacher körperlicher Gewalt festzuhalten. Dabei erklären sie ihm die vorläufige Festnahme.

In diesem Moment treffen zwei Streifen des Polizeireviers Oberhausen am Tatort ein. Die Dienststelle war vom Sicherheitsunternehmen über die Alarmauslösung unterrichtet worden.

POM Schnell und PM Klein haben mit Ede Schlecht einen „alten Kunden“ vor sich, der wegen mehrerer Einbrüche vorbestraft und zzt. arbeits- und wohnsitzlos ist. Beide erkennen ihn sofort.

Bei seiner Durchsuchung finden sie in der Kleidung ein Einbruchwerkzeug (kleines Brecheisen) und in einem mitgeführten hochwertigen Lederaktenkoffer (Aufschrift: Notfallkoffer – Dr. med. Schott) neben wertvollem Schmuck auch eine sehr teure Herrenarmbanduhr und einen Laptop.

POM Schnell erklärt Schlecht daraufhin, dass zunächst der gegen ihn vorliegende Tatverdacht abgeklärt werden müsse und es bis dahin bei der Festnahme wegen Einbruchsdiebstahls bleibe. Schlecht erklärt spontan, auf dem Areal lediglich „austreten“ gewesen zu sein. Hinter einem Baum habe er den Koffer gefunden, den er nur an sich genommen habe, um ihn umgehend als Fundsache zur Polizei zu bringen. Der Koffer sei seine Fundsache und er bekomme dafür eigentlich Finderlohn.

POM Schnell ordnet die Beschlagnahme des Lederaktenkoffers samt Inhalt und des Einbruchwerkzeugs an. Schlecht protestiert.

PKin Hurtig und POM Kraft, die zweite Streife, durchsuchen anschließend Wohnhaus und Garten des Anwesens Dr. Schott.

Sie stellen anlässlich der Maßnahme dann tatsächlich verschiedene Spuren fest, die zur Überführung von Schlecht ausreichend sein dürften (danach hat er die Terrassentüre aufgehebelt und in den Wohnräumen sowie im Schnee Schuhabdruck- bzw. Schuheindruckspuren hinterlassen, die mit dem Profil seiner getragenen Schuhe übereinstimmen).

Bei der Durchsuchung werden die Polizeibeamten vom Nachbarn des Objektinhabers begleitet, der als verantwortlicher Schlüsselträger von dem Sicherheitsunternehmen ebenfalls verständigt worden war.

Am nächsten Tag wird vom zuständigen Amtsrichter Haftbefehl gegen Schlecht wegen versuchten Wohnungseinbruchdiebstahls erlassen.

Aufgabe:

Erläutern und begründen Sie, ob die Beschlagnahme des Lederaktenkoffers mit dessen Inhalt sowie des Einbruchwerkzeugs rechtmäßig war!

Lösungsvorschlag:

1. Vorprüfung

Ein Anfangsverdacht liegt vor, wenn es aufgrund konkreter Tatsachen nach kriminalistischer Erfahrung als möglich erscheint, dass eine verfolgbare Straftat begangen wurde. Bloße Vermutungen reichen hierzu nicht aus. Verdächtiger ist, wer als Täter oder Teilnehmer einer Straftat in Betracht kommt.

Schlecht kommt als Täter eines Einbruchdiebstahls in Betracht, weil er von Grob und Pfiffig auf einem Grundstück angetroffen worden ist, von dem über eine Einbruchmeldeanlage ein Einbruch gemeldet worden war. Somit liegen nach § 152 Abs. 2 StPO zureichende tatsächliche Anhaltspunkte für eine Straftat (Wohnungseinbruchdiebstahl) vor.

2. Materielle Rechtmäßigkeit

2.1 Auswahl der Eingriffsermächtigung

Eingriffsermächtigung für die Wegnahme des Aktenkoffers ist § 94 Abs. 1 und 2 StPO.

2.2 Voraussetzungen der Eingriffsermächtigung

2.2.1 Zweck/Tatbestandsvoraussetzungen

Zweck der Maßnahme ist die Wegnahme und Inbesitznahme von möglichem Diebesgut und des Einbruchwerkzeugs als Beweismittel. Nach § 94 Abs. 1 StPO sind Gegenstände, die für die Untersuchung von Bedeutung sein **können**, in Verwahrung zu nehmen oder in anderer geeigneter Weise sicherzustellen. Zunächst ist eine Anlass-Straftat für das Einbehalten von Beweismitteln gefordert. Da zureichende tatsächliche Anhaltspunkte für einen Wohnungseinbruchdiebstahl vorliegen, besteht ein solcher Anfangsverdacht, was ausreichend im Sinne der Bestimmung des § 94 Abs. 1 StPO („... die Untersuchung ...") ist.

Der Lederaktenkoffer bzw. dessen Inhalt und das bei Schlecht aufgefundene Einbruchwerkzeug können eine mögliche Beweismittelfunktion begründen („Gegenstände, die als Beweismittel für die Untersuchung von Bedeutung sein können"). Diese Gegenstände sind ohne jeden Zweifel Beweismittel.

Beweismittel sind alle beweglichen oder unbeweglichen Gegenstände, die mittelbar oder unmittelbar für die Tat oder die Umstände ihrer Begehung Beweise erbringen und einen Rückschluss auf den Täter ermöglichen.

§ 94 Abs. 1 StPO verpflichtet die Ermittlungsorgane, also auch die ermittelnden Polizeibeamten, zur Einbehaltung von Gegenständen mit potenzieller Beweisbedeutung („sind ... in Verwahrung zu nehmen")*.

Da der tatverdächtige Ede Schlecht die Gegenstände nicht freiwillig herausgibt, sind sie nach § 94 Abs. 2 StPO zu beschlagnahmen. Beschlagnahme ist die förmliche Bemächtigung eines Gegenstands durch ein Strafverfolgungsorgan zum Zwecke des Strafverfahrens.

Schlecht widersprach hier ausdrücklich der Einbehaltung, sodass eine förmliche Beschlagnahme erforderlich wurde. Dies ist stets dann der Fall,

---

* Gleichwohl die Einbehaltung von Beweismitteln verpflichtend ist, ist bei dieser Maßnahme stets auch der Grundsatz der Verhältnismäßigkeit zu berücksichtigen, BVerfGE 20, 162.

wenn sich „die Gegenstände im Besitz einer Person befinden“ und nicht freiwillig herausgegeben werden.

2.2.2 Adressat der Maßnahme

Schlecht übte die Verfügungsgewalt über den Aktenkoffer/das Tatwerkzeug als potenzielle Beweismittel aus, war also deren Besitzer. Er ist damit richtiger Adressat der Maßnahme.

2.3 Rechtsfolge

Schlecht muss die Wegnahme der Gegenstände, die sich in seinem Besitz befinden, dulden.

2.4 Verhältnismäßigkeit

Die Beschlagnahme war erforderlich, weil die Einbehaltung der Beweismittel notwendig ist, um das Strafverfahren gegen Schlecht wirksam betreiben zu können.

Ein milderes Mittel mit gleicher Erfolgsaussicht, wie die Beschlagnahme, kam hier nicht in Betracht. Eine fotografische Sicherung der Beweisgegenstände würde zumindest beim Einbruchswerkzeug an § 111b StPO scheitern, denn diese Tatwerkzeuge unterliegen der Einziehung, die der Polizeibeamte durch die Beschlagnahme (die unabhängig von § 94 Abs. 2 StPO nach § 111c StPO erfolgt) ermöglicht. Insofern muss neben der verfahrenssichernden Beweismittelbeschlagnahme stets parallel an die vollstreckungssichernde Beschlagnahme von Einziehungsgegenständen nach §§ 111b, 111c StPO gedacht werden.

Die Beschlagnahme war geeignet, denn die Herstellung hoheitlicher Verfügungsgewalt über die Gegenstände ist taugliches Mittel, diese im weiteren Verfahren zur Verfügung zu haben.

Sie war auch im engeren Sinn verhältnismäßig. Sie stand im Verhältnis zur Schwere der Tat (§ 244 Abs. 1 Nr. 3 StGB, Abs. 4, Verbrechen) und zur Stärke des Tatverdachts.

3. Formelle Rechtmäßigkeit

3.1 Anordnungskompetenz

Nach § 98 Abs. 1 StPO obliegt die Anordnung der Beschlagnahme grundsätzlich dem Richter. Nur wenn „Gefahr im Verzug" vorliegt, dürfen auch u.a. die Ermittlungspersonen der Staatsanwaltschaft eine Beschlagnahme anordnen.

Im Beispielsachverhalt liegt Gefahr im Verzug vor, da sich Schlecht bis zur Einholung einer richterlichen Entscheidung der belastenden Gegenstände entledigen könnte. Diese konkrete Gefahr, dass dadurch der Beweis der Tat vereitelt oder wesentlich erschwert würde, rechtfertigt hier die Annahme von „Gefahr im Verzug".

4. Form- und Fristbestimmungen

4.1 Richterliche Bestätigung

§ 98 Abs. 2 StPO fordert eine nachträgliche richterliche Bestätigung innerhalb von 3 Tagen, wenn die Beschlagnahme ohne richterliche Anordnung erfolgt ist und der Adressat ausdrücklich gegen die Beschlagnahme Widerspruch erhoben hat. Da Schlecht gegen die Beschlagnahme protestierte, müssen die Polizeibeamten die Beschlagnahme richterlich bestätigen lassen.

4.2 Belehrung

§ 98 Abs. 2 StPO beinhaltet das Erfordernis, Schlecht über sein Recht zu belehren, jederzeit eine gerichtliche Entscheidung bezüglich der Einbehaltung der beschlagnahmten Gegenstände beantragen zu können.

4.3 Verzeichnis

Nach § 107 S. 2 StPO ist Schlecht auf Verlangen ein Verzeichnis über die beschlagnahmten Gegenstände auszuhändigen.
Nach § 109 StPO sind die beschlagnahmten Gegenstände genau zu verzeichnen, um Vorwechslungen zu verhindern.

5. Ergebnis

Die Beamten haben mithin rechtmäßig gehandelt.

Anmerkung:

Sofern von der Polizei „Gefahr im Verzug“ geltend gemacht wird und sie die Beschlagnahme anordnet, besteht hierüber eine Dokumentationspflicht, die die Gründe erkennen lässt, weshalb eine richterliche Anordnung nicht abgewartet werden konnte (BVerfG NJW 2006, 976, 982ff.).

Fall 11: Führerscheinbeschlagnahme

Sachverhalt:

Der Sachverhalt aus dem Fall 8 wird wie folgt fortgeschrieben:

Nach der erfolgten Blutentnahme in der Uni-Klinik Tübingen wird der Führerschein des Beschuldigten Meth von PMin Hansen einbehalten. Herr Meth ist mit der Einbehaltung seines Führerscheins nicht einverstanden, da er zunächst den genauen Wert der Blutprobe erfahren möchte. Daraufhin beschlagnahmt PMin Hansen den Führerschein des Beschuldigten. Meth protestiert hiergegen entschieden.

Aufgabe:

Erläutern und begründen Sie die Rechtmäßigkeit der Beschlagnahme des Führerscheins!

Lösungsvorschlag:

1. Vorprüfung

Ein Anfangsverdacht liegt vor, wenn es aufgrund konkreter Tatsachen nach kriminalistischer Erfahrung als möglich erscheint, dass eine verfolgbare Straftat begangen wurde. Im Fall liegen zureichende tatsächliche Anhaltspunkte für den Anfangsverdacht einer Straftat analog zu § 152 Abs. 2 StPO vor.

Bernd Meth kommt als Täter der Verkehrsunfallflucht in Frage, weil das unfallverursachende Fahrzeug auf ihn zugelassen ist. Der Geschädigte Holzner hatte den Eindruck, dass Meth unter Alkoholeinfluss gefahren ist.

Die Beamten unterliegen nach § 163 StPO dem Strafverfolgungszwang und müssen somit nach der StPO tätig werden.

2. Materielle Rechtmäßigkeit

2.1 Auswahl der Eingriffsermächtigung

Die Ermächtigungsgrundlagen für die Führerscheineinbehaltung könnten § 94 Abs. 2, 3, § 98 StPO sein.

2.2 Voraussetzungen der Eingriffsermächtigung

2.2.1 Zweck/Tatbestandsvoraussetzungen

Zweck der Maßnahme ist die Vorbereitung der Einziehung der Fahrerlaubnis. Hierzu ist die Beschlagnahme die richtige Maßnahme.

Nach § 94 Abs. 3 StPO dürfen Führerscheine, die der Einziehung unterliegen, in Verwahrung genommen oder beschlagnahmt werden. Gemäß § 69 Abs. 3 StGB kann der Führerschein mit Rechtskraft des Urteils eingezogen werden und somit zum Einziehungsgegenstand werden.

Nach § 69 Abs. 1 StGB kann das Gericht die Fahrerlaubnis entziehen, wenn der Kraftfahrzeugführer ungeeignet zum Führen von Kraftfahrzeugen ist.

Voraussetzungen für die Entziehung der Fahrerlaubnis sind
- eine Verkehrsstraftat (wobei schon eine **rechtswidrige** Tat ausreichend ist) und
- die Verletzung der Pflichten eines Kraftfahrzeugführers (sogenannte charakterliche Ungeeignetheit).

Der Beschuldigte Meth hat Verkehrsstraftaten nach §§ 315c und 142 StGB begangen.

Die Begehung der §§ 142, 315c Abs. 1 Nr. 1 Buchstabe a StGB erfolgte **beim** Führen eines Kraftfahrzeugs.

Ferner muss bei Meth die Verletzung der Pflichten eines Kraftfahrzeugführers begründet werden können (charakterliche Ungeeignetheit).

Ungeeignetheit bedeutet die charakterliche Unzuverlässigkeit; der Kraftfahrzeugführer handelte in hohem Maß verantwortungslos. Er war nicht fähig und gewillt, den Gefahren des Straßenverkehrs zu begegnen, weil er alkoholbedingt nicht mehr in der Lage war, sein Kfz sicher zu führen.

Bei Begehung von rechtswidrigen Taten, die in § 69 Abs. 2 StGB als Standardfälle aufgezählt sind, wird die Ungeeignetheit von Gesetzes wegen angenommen.

2.2.2 Adressat der Maßnahme

Der VU-Verursacher Meth hat eine rechtswidrige Tat i. S. d. § 69 Abs. 2 Nr. 1 StGB begangen und ist somit als ungeeigneter Kraftfahrzeugführer anzusehen. Er ist damit richtiger Adressat der Maßnahme.

2.3 Rechtsfolgen

Nach § 111a Abs. 1 StPO müssen dringende Gründe für den Fahrerlaubnisentzug vorliegen. Bei Begehung einer der „Standardfälle“ des § 69 Abs. 2 StGB wird von Gesetzes wegen regelmäßig die Ungeeignetheit unterstellt. Dies begründet den dringenden Grund für die Annahme, dem Pkw-Lenker werde die Fahrerlaubnis entzogen.

Da Meth als VU-Verursacher seinen Führerschein nicht freiwillig herausgibt, sondern unter Protest behalten wollte, muss er die Beschlagnahme nach § 94 Abs. 2, § 98 Abs. 1 StPO hinnehmen.

2.4 Verhältnismäßigkeit

Die sofortige Einbehaltung des Führerscheins war erforderlich, da es eine notwendige Maßnahme war, um die Allgemeinheit einerseits vor einem charakterlich ungeeigneten Verkehrsteilnehmer zu schützen und andererseits den Beschuldigten Meth wirksam daran zu hindern, den Führerschein künftig als Nachweis der angeblich berechtigten Teilnahme am Straßenverkehr bei polizeilichen Kontrollen vorzuzeigen. Eine mildere Maßnahme kam hier nicht in Betracht.

Die Führerscheinbeschlagnahme ist auch geeignet, um die oben genannten Ziele tauglich zu erreichen.

In Anbetracht des erforderlichen Schutzes der Allgemeinheit (Entziehung des Führerscheins ist eine Maßregel der Besserung und Sicherung) ist der individuelle Grundrechtseingriff bei Meth auch völlig angemessen. Die Maßnahme ist im engeren Sinn verhältnismäßig aufgrund der begangenen mittleren Vergehen und der Stärke des Tatverdachts.

3. Formelle Rechtmäßigkeit

3.1 Anordnungskompetenz

Beschlagnahmen dürfen nur durch den Richter, bei Gefahr im Verzug auch durch die Polizei (Ermittlungspersonen der StA) angeordnet werden, § 98 Abs. 1 StPO. Gefahr im Verzug liegt vor, denn der ungeeignete Fahrzeugführer würde weiter am Straßenverkehr als Kraftfahrzeuglenker teilnehmen und zum Nachweis seiner angeblichen Berechtigung den Führerschein vorzeigen. Durch die sofortige Einbehaltung seines Führerscheins wird er daran gehindert (er beginge sonst ein Vergehen nach § 21 Abs. 2 Nr. 2 StVG).

Des Weiteren ist Gefahr im Verzug gegeben, wenn die Befürchtung besteht, die durchzuführende Maßnahme (Einziehung des Führerscheins) könnte durch Meth vereitelt werden, indem er vorgibt, er habe den einzuziehenden Führerschein „verloren“.

Da PMin Hansen Ermittlungsperson der Staatsanwaltschaft ist, durfte sie die Beschlagnahme anordnen.

4. Form- und Fristbestimmungen

4.1 Richterliche Bestätigung

Nach § 98 Abs. 2 StPO soll binnen 3 Tagen die richterliche Bestätigung beantragt werden, wenn ein Gegenstand ohne richterliche Anordnung beschlagnahmt wurde und der Adressat (hier Herr Meth) gegen die Beschlagnahme ausdrücklich Widerspruch erhoben hat. § 111a Abs. 4 StPO tritt an diese Stelle: Indem der Richter dem Beschuldigten Meth die Fahrerlaubnis per Beschluss vorläufig entzieht, bestätigt er hierdurch gleichzeitig nachträglich die bereits durch PMin Hansen erfolgte Beschlagnahme des Führerscheins.

5. Ergebnis

Die Einbehaltung des Führerscheins war rechtmäßig.

Fall 12: Handy-Beschlagnahme

Sachverhalt:

Am 15.10.2019, 07.15 Uhr, fährt die 19-jährige Lily im Zug von Kassel nach Hofgeismar zur Schule. Sie gerät auf dieser Fahrt in einen Disput mit dem 18-jährigen Lukas, der in ihrer Parallelklasse ist. Es entwickelt sich eine heftige verbale Auseinandersetzung, bei der es um die häufig wechselnden Freunde von Lily geht.

Als Lily auf ihrem Handy herumtippt, provoziert Lukas mit den Worten: „So, welcher ist denn heute dran? Wie heißt der Glückliche?"

Am Herwig-Blankertz-Gymnasium in Hofgeismar verbringt Lukas am gleichen Tag die große Pause in der Raucherecke. Wie ein „Blitz aus heiterem Himmel" nähert sich ein ca. 25-jähriger Mann und versetzt Lukas wortlos einen Faustschlag. Lukas wird vom Täter derart brutal zusammengeschlagen, dass er einige Tage stationär im Krankenhaus verweilen muss. U.a. erhielt er, schon am Boden liegend, heftige Fußtritte gegen seinen Oberkörper. Der Täter trug massive Timberland-Schuhe.

Ein Augenzeuge verständigt sofort über Notruf die Polizei. Diese trifft kurz darauf am Tatort ein, ebenso ein Rettungsfahrzeug.

Noch auf der Fahrt ins Krankenhaus erfährt die Polizei von Lukas, dass Lily ihren Freund vermutlich über ihr Handy „für diese Aktion geholt" hat.

Die ermittelnden Polizeibeamten KOKin Klein und KK Hinz beschlagnahmen daraufhin das Handy von Lily, die sie zuvor aus dem Unterricht heraus gebeten haben.

Auf dem Handy sind aber alle Daten des 15.10.2019 gelöscht.

Bei weiteren Ermittlungen bekommt die Polizei von Sina, einer Klassenkollegin von Lily, bestätigt, dass diese mit Lukas zuvor einen heftigen Disput über „ihre vielen Männer" hatte und sie sich deshalb vielleicht an ihm rächen wollte.

Der Schläger sei ja kaum eine Stunde später „auf der Platte gestanden". Ihr sei noch aufgefallen, dass Lily während des Unterrichts vor der großen Pause mit ihrer besten Freundin, der Anette, eine Zeitlang via WhatsApp geschrieben hat.

Daraufhin wird Anette als Zeugin von KOKin Klein zu ihren Wahrnehmungen befragt. Anette ist äußerst schweigsam und will von den ganzen Vorwürfen nichts mitbekommen haben.

KOKin Klein bittet Anette, ihr Handy für erforderliche Auswertungen zur Verfügung zu stellen.

Anette sieht dies nicht ein und gibt vor, sie könne nicht auf ihr Handy verzichten, sie brauche es täglich.

KOKin Klein beschlagnahmt daraufhin das Handy von Anette trotz deren Protest.

Auf diesem können die Spezialisten der IuK-Auswertung, ZK 50, den WhatsApp-Gesprächsverlauf zwischen Anette und Lily vom 15.10.2019, der auch zwei Fotos eines Mannes beinhaltete, feststellen.

Unter anderem schrieb Lily in diesem Gespräch auch: „Rafael wird den Lukas zusammenfalten. Der hat es nicht anders verdient.“

Über den Namen können die Beamten KK Hinz und KOKin Klein den Wohnort des Rafael ermitteln. Sie erwirken einen Durchsuchungs- und Beschlagnahmebeschluss, vornehmlich zur Sicherstellung der Beweismittel (Timberland-Schuhe, Kleidung und Kommunikationsmittel des Rafael).

Anhand der sichergestellten Beweismittel und nach Durchführung eines Wiedererkennungsverfahrens mittels einer Wahllichtbildvorlage kann der 23-jährige Rafael zweifellos als Täter der gefährlichen Körperverletzung sowie Lily als Anstifterin ermittelt werden.

Aufgabe:

Erläutern und begründen Sie sachverhaltsbezogen, ob die Beschlagnahme des Handy von Anette und die Kenntnisnahme der Daten darin rechtmäßig waren.

Lösungsvorschlag:

I. Beschlagnahme des Handy

1. Vorprüfung

Ein einfacher Anfangsverdacht für eine Straftat (Körperverletzung) nach § 152 Abs. 2 StPO liegt vor. Hierunter versteht man das Vorliegen konkreter

Tatsachen, die es möglich erscheinen lassen, dass eine verfolgbare Straftat vorliegt.

Es bestehen zureichende tatsächliche Anhaltspunkte für eine Körperverletzung durch die Verständigung der Polizei hinsichtlich eines zusammengeschlagenen Schülers.

Die Polizeibeamten sind somit verpflichtet, nach dem Legalitätsprinzip (§ 163 StPO) alle Maßnahmen zu treffen, um die Verdunkelung der Sache zu verhüten. Sie werden strafverfolgend tätig und alle weiteren Maßnahmen richten sich nach der StPO.

2. Materielle Rechtmäßigkeit

2.1 Auswahl der Eingriffsermächtigung

Als Eingriffsermächtigung kommen hier §§ 94 ff. StPO in Betracht.

2.2 Voraussetzungen der Eingriffsermächtigung

2.2.1 Zweck/Tatbestandsvoraussetzungen

Diese Norm regelt die Beschlagnahme von Beweismitteln.

Beweismittel sind alle Gegenstände, die mittelbar oder unmittelbar für die Körperverletzung oder die Umstände ihrer Begehung Beweis erbringen können.

Dem Handy kommt zumindest eine mittelbare Beweisbedeutung zu. Die darin enthaltenen Daten können über die Umstände der Begehung der Körperverletzung Aufschluss erbringen. Damit ist es als potenzielles Beweismittel anzusehen.

2.2.2 Adressat der Maßnahme

Gemäß § 94 Abs. 1 StPO sind Beweismittel in Verwahrung zu nehmen. Das Handy befindet sich im Gewahrsam von Anette und wird von ihr nicht freiwillig herausgegeben (... sie protestiert gegen die Abnahme). Daher ist es gemäß § 94 Abs. 2 StPO förmlich sicherzustellen, also zu beschlagnahmen. Beschlagnahme ist die förmliche Bemächtigung eines Gegenstandes durch ein Strafverfolgungsorgan zum Zwecke des Strafverfahrens.

2.3 Rechtsfolge

Anette muss die Wegnahme des Handy im Rahmen des Strafverfolgungsanspruchs des Staates dulden.

2.4 Verhältnismäßigkeit

Die Beschlagnahme beim Unverdächtigen war auch im engeren Sinne verhältnismäßig. Sie stand im Verhältnis zur Schwere der Tat (qualifiziertes Vergehen) und der daraus resultierenden „tiefer gehenden" Eingriffsbefugnisse der Strafverfolgungsorgane.

Die Grundrechte von Anette nach Art. 1 Abs. 1 i. V. m. Art. 2 Abs. 1, Art. 14 GG wiegen nicht so schwer wie der Strafverfolgungsanspruch des Staates.

3. Formelle Rechtmäßigkeit

3.1 Anordnungskompetenz

Gemäß § 98 Abs. 1 S. 1 StPO darf die Beschlagnahme nur durch einen Richter, bei Gefahr im Verzug auch durch die StA und ihre Ermittlungspersonen angeordnet werden. Gefahr im Verzug ist zu begründen, da zu befürchten wäre, dass Anette den Inhalt des Handy verändern bzw. löschen könnte, bis eine richterliche Entscheidung erwirkt wird. Diese Möglichkeit liegt nicht fern, zumal dieser Vorgang sehr rasch bewerkstelligt werden kann.

Somit war KOKin Klein als Ermittlungsperson der Staatsanwaltschaft zur Anordnung befugt.

4. Form- und Fristbestimmungen

4.1 Nachträgliche richterliche Bestätigung

Gemäß § 98 Abs. 2 S. 1 StPO soll, wenn ein Gegenstand ohne richterliche Anordnung beschlagnahmt worden ist, binnen drei Tagen die gerichtliche Bestätigung beantragt werden, wenn der Betroffene ausdrücklich Widerspruch erhoben hat.

Gemäß § 98 Abs. 2 letzter Satz i. V. m. § 98 Abs. 2 S. 2 StPO ist der von der Beschlagnahme Betroffene darüber zu belehren, dass er jederzeit die gerichtliche Entscheidung beantragen kann.

4.2 Ordnungsvorschriften

Gemäß § 107 S. 2 StPO ist Anette auf ihr Verlangen hin ein Beschlagnahmeverzeichnis auszuhändigen. Gemäß § 109 StPO sind die beschlagnahmten Gegenstände genau zu verzeichnen und in geeigneter Weise kenntlich zu machen.

4.3 Wahrung der Rechte des Eigentümers

Nach § 111n StPO ist das Handy Anette zurückzugeben, sobald es für das Strafverfahren nicht mehr benötigt wird. Da der Sachverhalt über diese Vorschriften keine Aussagen trifft, wird davon ausgegangen, dass diese Form- und Fristbestimmungen eingehalten wurden.

5. Ergebnis

Die Beschlagnahme war rechtmäßig.

II. Einsicht der Daten des Handys – „Datenträger-Durchsuchung"

Fraglich ist, ob die Polizeibeamten von den auf dem Handy enthaltenen Daten Kenntnis nehmen können.

1. Vorprüfung

Siehe oben vor der Abhandlung zur Beschlagnahme. Die dort getroffenen Aussagen gelten analog.

2. Materielle Rechtmäßigkeit

2.1 Auswahl der Eingriffsermächtigung

Für diesen Fall muss § 103 StPO herangezogen werden.

2.2 Voraussetzungen der Eingriffsermächtigung

2.2.1 Zweck/Tatbestandsvoraussetzungen

Anette ist zunächst nicht in den Kreis der Verdächtigen mit einzubeziehen und somit eine andere Person. Unverdächtiger ist, wer nicht als Täter oder Teilnehmer in Betracht kommt oder wegen erkennbarer Schuldunfähigkeit nicht verfolgt werden darf. Anette ist eine „andere Person“.

Sie selbst und ihre mitgeführten Sachen dürfen nach § 103 StPO „zur Verfolgung der Spuren einer Straftat“ durchsucht werden.

Durchsuchungsobjekt sind die im Gesetz nicht eigens genannten mitgeführten Sachen.

*(Wenn aber nach § 81c StPO die Untersuchung einer anderen Person im Strafprozess zulässig ist, so ist die Durchsuchung der anderen Person bei entsprechender Sachlage auch zulässig. Erst recht dürfte dann die Durchsuchung der mitgeführten Sachen des Unverdächtigen völlig unproblematisch sein.)**

Durchsuchungszweck ist die „Feststellung von Spuren einer Straftat“.

Nach § 103 Abs. 1 StPO müssen (konkrete) Tatsachen vorliegen, dass sich die Spuren einer Straftat in der mitgeführten Sache finden lassen. Diese Tatsachen liegen vor. Die Beamten haben durch die Angaben von Sina die Gewissheit, dass Lily mit Anette über WhatsApp Kontakt aufgenommen hat, und da sie sehr seltsam reagiert, als sie auf die Vorkommnisse angesprochen wird, kann davon ausgegangen werden, dass auf dem Handy Mitteilungen hinsichtlich der Körperverletzung gegen Lukas im Speicher sind.

§ 100g Abs. 5 StPO ist die Verweisungsbestimmung auf die „allgemeinen Vorschriften“ (§§ 94, 98, 102, 103, 110 StPO), wenn die Verkehrsdaten nicht beim Erbringer öffentlich zugänglicher Telekommunikationsdienste erfolgt, s o f e r n der Kommunikationsvorgang a b g e s c h l o s s e n ist.

Der Abschluss des Kommunikationsvorgangs erstreckt sich hier **auf** alle eingegangenen **WhatsApp-Nachrichten (unabhängig davon, ob Anette sie geöffnet hat oder nicht)**. Daher sind die allgemeinen Vorschriften (und nicht §§ 100a, 100g ff. StPO) anzuwenden.

---

* Kramer (vgl. Fußnote Seite 43) vertritt die Meinung, dass § 103 StPO keine eigenständige Eingriffsgrundlage zur Durchsuchung beim Unverdächtigen darstellt. Vielmehr baut § 103 auf § 102 StPO auf und regelt lediglich die Abweichungen (RN 232).

2.2.2 Adressat der Maßnahme

Die Durchsuchung richtet sich gegen den Inhaber der Informationen, das ist Anette.

2.3 Rechtsfolge

Die Durchsuchung (gezieltes Suchen nach Spuren) auf ihrem Handy muss Anette hinnehmen, ebenso erdulden, dass die Strafverfolgungsorgane die Nachrichten zwischen Anette und ihren Gesprächspartnern zur Kenntnis nehmen.

2.4 Verhältnismäßigkeit

Die Durchsuchung und die Einsichtnahme der Nachrichten in Anettes Handy waren auch im engeren Sinne verhältnismäßig.

(Hier wird auf die Begründung der Verhältnismäßigkeit bei der Beschlagnahme verwiesen; das dort Gesagte gilt analog.)

3. Formelle Rechtmäßigkeit

3.1 Anordnungskompetenz

Nach § 105 Abs. 1 StPO obliegt die Anordnung einer Durchsuchung (auch von Sachen) dem Richter, bei Gefahr im Verzug der Staatsanwaltschaft und ihren Ermittlungspersonen (Richtervorbehalt).

Bei Gefahr im Verzug sind auch die Staatsanwaltschaft und deren Ermittlungspersonen zur Anordnung der Durchsuchung berechtigt.

Gefahr im Verzuge lässt sich hier nicht begründen, da die Herbeiführung einer richterlichen Entscheidung den Untersuchungserfolg weder vereiteln oder noch erheblich erschweren würde. Das Handy war durch die Beschlagnahme in der Verfügungsgewalt der Beamten, sodass Anette keinerlei Einwirkung mehr auf die darin enthaltenen Daten hat.

Somit ist genügend Zeit, sich die Durchsuchung richterlich anordnen und insbesondere die Durchsicht nach § 110 Abs. 1 StPO auf die Ermittlungspersonen der StA – hier die Beamten des ZK 50 – übertragen zu lassen.

Es wird davon ausgegangen, dass eine richterliche Anordnung erwirkt worden ist.

4. Form- und Fristbestimmungen

4.1 Durchsicht elektronischer Speichermedien

§ 110 StPO ist hier insbesondere zu beachten. Die Durchsicht der Papiere des von der Durchsuchung Betroffenen steht der Staatsanwaltschaft und auf deren Anordnung ihren Ermittlungspersonen (§ 152 des Gerichtsverfassungsgesetzes) zu. D. h., normalerweise darf nur die Staatsanwaltschaft die Daten auf dem Handy einsehen. Üblicherweise wird dies aber auf die Ermittlungspersonen übertragen, da diese über die technischen Voraussetzungen und Kenntnisse des „Auslesens" verfügen.

Wie bereits erwähnt, wird davon ausgegangen, dass diese Durchsicht auf die Beamten des ZK 50 (IuK-Auswertung) übertragen worden ist.

5. Ergebnis

Die Durchsuchung des Handys und die Einsichtnahme der Daten bei Anette waren rechtmäßig.

Anmerkungen:

Das BVerfG erleichterte den Zugriff auf elektronische Daten unter bestimmten Voraussetzungen mit nachfolgendem Beschluss vom 02.03.2006 (Az.: 2 BvR 2099/04).

Leitsätze:
Die nach Abschluss des Übertragungsvorgangs im Herrschaftsbereich des Kommunikationsteilnehmers gespeicherten Verbindungsdaten werden nicht durch Art. 10 Abs. 1 GG, **sondern durch das Recht auf informationelle Selbstbestimmung (Art. 2 Abs. 1 i. V. m. Art. 1 Abs. 1 GG) und gegebenenfalls durch Art. 13 Abs. 1 GG geschützt.**

§§ 94 ff. und §§ 102 ff. StPO genügen den verfassungsrechtlichen Anforderungen auch **hinsichtlich der Sicherstellung und Beschlagnahme** von **Datenträgern** und den hierauf gespeicherten Daten. Die Durchsicht des Handys ist also kein Eingriff in Art. 10 GG und unterliegt damit bedeutend niedrigeren Schranken als z. B. das Abhören.

Der Zugriff auf Messages, chat-Protokolle und sonstige Daten (wie auch des Nachrichtendienstes WhatsApp) durch die Polizei wird oftmals Teil der Ermittlungen sein. Dabei muss strikt unterschieden werden zwischen laufender (= noch nicht abgeschlossener) und bereits abgeschlossener Kommunikation.

Bei laufender Kommunikation ist die Einsichtnahme bzw. andere Zugriffe nur unter den strengen Voraussetzungen des § 100a StPO erlaubt.

Bei abgeschlossener Kommunikation sind § 94 Abs. 2, §§ 98, 110 Abs. 1 StPO anzuwenden. Darauf weist auch § 100g Abs. 5 StPO ausdrücklich hin.

Beachte auch § 110 Abs. 3 StPO: Dieser erlaubt auch den Zugriff auf „cloud-Dienste" o. Ä., also auf jene Daten, die vom Speichermedium entfernt abgelegt sind.

Von vielen Mobiltelefonen oder auch Geräten wie Fotokameras mit GSM-Modul, Tablets, ebook-Readern oder Navigationsgeräten kann mittlerweile auf diese **entfernt** gespeicherten Daten zugegriffen werden.

Der Handy-Beschlagnahme und der Auswertung der Datei (insbesondere Fotos und Videos) beim unbeteiligten Zeugen kommt eine immer größere Bedeutung zu (vgl. Süddeutsche Zeitung vom 24.04.2018: „Wenn Polizei-Einsätze zum Event werden").

Erwähnenswert ist an dieser Stelle noch eine Entscheidung des LG Dessau-Roßlau (2 Qs 236/17): Werden im Rahmen einer Durchsuchung Geräte gefunden, die als elektronisches Speichermedium dienen, so sind sie zunächst nach § 110 StPO durchzusehen und auszulesen, um eine Entscheidung darüber herbeizuführen, welche beweiserheblichen Daten sich auf dem elektronischen Speichermedium befinden. Ist eine derartige Auswertung nicht sogleich an Ort und Stelle möglich, so können diese Geräte zum Zwecke der Durchsicht und Auswertung vorübergehend sichergestellt werden. **Die Sicherstellung der elektronischen Speichermedien stellt jedoch noch keine Beschlagnahme dar, sondern ist gemäß § 110 StPO noch Teil der Durchsuchung.**

Erst dann, wenn die Beweisgeeignetheit bzw. die mögliche Einziehung der sichergestellten Gegenstände nach der Auswertung bejaht werden kann, ist eine Beschlagnahmeanordnung zu treffen.

(Somit war aufgrund der noch nicht erfolgten Auswertung des im Rahmen der Durchsuchung sichergestellten Handys für eine Beschlagnahmeanordnung gegenwärtig noch kein Raum).

D. Fälle zur körperlichen Untersuchung/DNA

Fall 13: Fahruntüchtiger Fahrer/Blutentnahme

Sachverhalt:

Am 16.10.2019, um 23.15 Uhr, wird ein Pkw, besetzt mit einer Person, im Rahmen einer Alkoholkontrolle angehalten.

Während der Überprüfung der Fahrzeugpapiere nehmen POK A. und POMin B. zunächst Alkoholgeruch im Fahrzeuginneren wahr. Beim Aussteigen und Vorzeigen von Warndreieck, Warnweste und Verbandkasten, die sich im Kofferraum befinden, stellen die Beamten leichte Koordinationsprobleme beim Fahrer F. fest.

Nachdem POK A. diese Feststellungen und den Verdacht auf alkoholische Beeinflussung dem Fahrer mitgeteilt hat, fragt er ihn, ob er mit einem Atemalkoholtest einverstanden sei, was dieser bejaht, und führt ihn auch anschließend korrekt durch.

Der Test ergibt 1,15 ‰ Atemalkohol, was dem Fahrer bekanntgegeben wird.

Weiter teilt POK A. F. mit, dass damit der Verdacht einer Straftat, Trunkenheit im Verkehr, besteht, was durch eine Blutentnahme nachgewiesen werden muss. F. erwidert, dass das Ergebnis nicht stimmen könne, da er lediglich zwei Gläser Sekt in den letzten zwei Stunden getrunken habe. Das Gerät müsse defekt sein. POK A. bietet F. deshalb einen zweiten Versuch an, den dieser ablehnt und daraufhin spontan und unerwartet in seinen Pkw einsteigt und die Fahrertür zuzieht. POMin B. befindet sich zu diesem Zeitpunkt auf der Beifahrerseite und kann gerade noch rechtzeitig die Beifahrertür öffnen, bevor F. die Zentralverriegelung betätigt. Nach mehrmaliger Aufforderung und unter Protest („. . . von mir kriegt ihr kein Blut“) steigt F. wieder aus.

Daraufhin wird ihm durch POK A. die Festnahme erklärt und die Entnahme einer Blutprobe angeordnet. Sodann wird F. gefesselt und durchsucht.

Anschließend wird auf der Dienststelle um 23.55 Uhr durch einen verständigten Arzt bei F. ordnungsgemäß eine Blutentnahme durchgeführt.

Aufgabe:

Erläutern und begründen Sie die Rechtmäßigkeit der Blutentnahme!

Lösungsvorschlag:

1. Vorprüfung

Ein Anfangsverdacht liegt vor, wenn es aufgrund konkreter Tatsachen nach kriminalistischer Erfahrung als möglich erscheint, dass eine verfolgbare Straftat begangen wurde. Bloße Vermutungen reichen hierzu nicht aus.

Hier begründet sich der Anfangsverdacht (§ 152 Abs. 2 StPO) aus den Wahrnehmungen von POK A. und POMin B. sowie dem Ergebnis des durchgeführten Alkotests. Die Beamten sind somit verpflichtet, strafverfolgend tätig zu werden und alle Maßnahmen zu treffen, um die Verdunkelung der Sache zu verhüten (§ 163 StPO).

2. Materielle Rechtmäßigkeit

2.1 Auswahl der Eingriffsermächtigung

Die Eingriffsermächtigung hierfür ergibt sich aus § 81a StPO.

2.2 Voraussetzungen der Eingriffsermächtigung

2.2.1 Zweck/Tatbestandsvoraussetzungen

Zweck der Maßnahme ist die zielgerichtete Suche nach körpereigenen Merkmalen, hier der Blutalkoholgehalt beim Fahrzeugführer, der durch eine Blutentnahme festgestellt werden soll, um damit das Strafverfahren wegen Trunkenheit im Verkehr zu sichern.

Der Fahrzeugführer muss sich im Status eines Beschuldigten befinden. Beschuldigter ist diejenige Person, gegen die das Strafverfahren betrieben wird. Beschuldigter im Sinne von § 81a StPO ist der tatverdächtige Fahrzeugführer, weil die Polizei konkret gegen ihn das Strafverfahren wegen Trunkenheit im Verkehr betreibt.

Bei der Blutentnahme handelt es sich um einen körperlichen Eingriff, der explizit in § 81a StPO aufgeführt ist. Körperliche Eingriffe sind Maßnahmen, die in das haut- oder muskelumschlossene Körperinnere eingreifen und die, wenn sie von Laien vorgenommen würden, mit einer Gesundheitsgefahr verbunden wären.

Die körperlichen Eingriffe, hier die Blutentnahme, dürfen zur Feststellung von Tatsachen angeordnet werden, die für das Verfahren von Bedeutung sind. Unter Verfahren sind alle Strafverfahren (analog OWi-Verfahren) gemeint. Typischer Anwendungsfall für die Blutentnahme ist der Nachweis der Fahruntüchtigkeit bei Trunkenheitsdelikten. Dieser Nachweis ist für § 316 StGB tatbestandsbegründend. Denn allein vom BAK-Wert hängt der objektive Nachweis ab.

2.2.2 Adressat der Maßnahme

Adressat der Maßnahme ist der Fahrzeugführer, da er als Beschuldigter i. S. v. § 81a StPO anzusehen ist und konkret gegen ihn ermittelt wird.

2.3 Rechtsfolge

Der Beschuldigte muss die Blutentnahme und die damit verbundene Beschränkung seiner Freiheit für die Dauer dieser Maßnahme dulden.

2.4 Verhältnismäßigkeit

Die Blutentnahme ist notwendig, da nur so die Fahruntüchtigkeit zweifelsfrei festgestellt werden kann. Die Blutentnahme ist ferner geeignet, die für das Strafverfahren geforderte Genauigkeit der alkoholischen Beeinflussung feststellen zu lassen, nämlich durch eine gerichtsmedizinische Untersuchung des Blutes.

Die Maßnahme ist auch verhältnismäßig. Der Anteil der Verkehrsunfälle mit Toten und Schwerverletzten, verursacht unter Alkoholeinfluss, an der Gesamtzahl der schweren Verkehrsunfälle ist derart groß, dass der staatliche Verfolgungszwang bei derartigen Delikten mehr als gerechtfertigt ist.

Deshalb wiegt der individuelle Schutz der Grundrechte des F. nicht so schwer wie das Interesse der Öffentlichkeit an einer effektiven Verhinderung und Aufklärung von Verkehrsstraftaten unter Alkoholeinfluss. Selbst bei Verkehrsordnungswidrigkeiten unter Alkoholeinfluss (0,5–1,09 ‰) hat der Gesetzgeber den Nachweis mittels Blutentnahme bei Verweigerung eines Alkotests ausdrücklich erlaubt und als verhältnismäßig erachtet.

3. Formelle Rechtmäßigkeit

3.1 Anordnungskompetenz

Die Maßnahme steht nach § 81a Abs. 2 StPO unter Richtervorbehalt, d. h., dass grundsätzlich ein Richter die Maßnahme anordnen müsste. Gemäß § 81a Abs. 2 S. 2 StPO bedarf die Entnahme einer Blutprobe indes **keiner** richterlichen Anordnung, wenn bestimmte Tatsachen den Verdacht begründen, dass eine der in Abs. 2 genannten Verkehrsstraftaten (hier § 316 StGB) begangen worden ist.

4. Form- und Fristbestimmungen

Die körperlichen Eingriffe, hier die Blutentnahme, muss ein approbierter Arzt vornehmen, d. h., er muss als Arzt zugelassen sein. Außerdem muss die Blutentnahme nach den Regeln der ärztlichen Kunst, d. h. nach den neuesten medizinischen Erkenntnissen, durchgeführt werden und es dürfen keine Nachteile für die Gesundheit des Beschuldigten zu befürchten sein.

5. Ergebnis

Die körperliche Untersuchung (Blutentnahme) und deren Anordnung durch POK A. waren rechtmäßig.

Fall 14: Speichelprobe bei Wohnungseinbrecher

Sachverhalt:

Der Eigentümer eines Einfamilienhauses, Dr. med. Ingo Böhm, stellt am 26.02.2019 um 03.55 Uhr nach der Rückkehr von einer Faschingsveranstaltung in Rottweil fest, dass in sein Haus eingebrochen worden ist. Sofort fällt ihm auf, dass eine wertvolle Bronzeskulptur (Wert ca. 10.000 €) entwendet worden ist. Der oder die Täter sind offenbar über eine brachial aufgebrochene Kellertüre ins Haus gelangt und hatten es gezielt auf diesen Kunstgegenstand abgesehen. Dr. Böhm verständigt sofort die Polizei.

Der Nachbar von Dr. Böhm, Herr Jürgen Fähner, hielt sich kurze Zeit zuvor wegen Schlaflosigkeit in seinem Garten auf und rauchte eine Zigarette. Dabei nahm er wahr, wie eine Gestalt eilends das Grundstück von Dr. Böhm verließ und zu einem Pkw vor dem Haus eilte. Dieser Zeuge merkte sich das Kennzeichen des Pkw, der in der Folge weggefahren war: TUT – XX 112.

Als PHM Kiesow und PK Schilling am Tatort angelangen, treffen sie Dr. Böhm und dessen Nachbar Jürgen Fähner vor dem Einfamilienhaus an.

Am Tatort hat sich der Tatverdächtige offenbar verletzt. Die Streife kann u. a. Bluttropfen auf den Fliesen vor der Kellertüre sichern.

Herr Fähner teilt seine Beobachtung sodann den Polizeibeamten mit. Das Fahrzeug ist zugelassen auf Volker Herold, whft. in 78554 Aldingen, Heiligenbergstr. 3.

Herold ist im POLAS mit 5 Fällen erfasst, alles Eigentumsdelikte.

Nach der Wohnungsdurchsuchung, bei der Herold festgenommen und die aus der Wohnung von Dr. Böhm entwendete Bronzeskulptur im Kofferraum seines Pkw sichergestellt werden konnte, wird beim Kriminaldauerdienst Rottweil (wohin der Festgenommene verbracht worden war) auf Anordnung von PK Schilling bei Herold eine Speichelprobe mittels Mundhöhlenabstrich (Wattestäbchenabstrich) erhoben.

Herold hat zuvor eine Einwilligungserklärung unterschrieben, dass er sich dieser Maßnahme freiwillig unterzieht.

Wie sich später herausstellt, war Herold vor geraumer Zeit Notfallpatient bei Dr. Böhm und wurde an einem Sonntag in dessen Wohnung behandelt. Während der Wartezeit war ihm die wertvolle Skulptur aufgefallen, an der noch das Preisschild des Kunsthauses Schaller angebracht war.

Aufgabe:

Erläutern und begründen Sie die Rechtmäßigkeit der Entnahme der Speichelprobe bei Volker Herold (mit dem Ziel der anschließenden Feststellung, ob das am Tatort gesicherte Blut von ihm stammt).

Lösungsvorschlag:

1. Vorprüfung

Durch die Zeugenaussage des Eigentümers Dr. Böhm, des Zeugen Fähner und die Feststellungen am Tatort ergeben sich nach § 152 Abs. 2 StPO zureichende tatsächliche Anhaltspunkte für eine Straftat (Wohnungseinbruchdiebstahl).

Daher müssen die Polizeibeamten PHM Kiesow und PK Schilling strafverfolgend tätig werden und kommen dem Legalitätsprinzip nach § 163 StPO nach.

2. Materielle Rechtmäßigkeit

2.1 Auswahl der Eingriffsermächtigung

Die Rechtsgrundlage für die Entnahme einer Speichelprobe bei Herold ergibt sich aus § 81a Abs. 1 StPO (körperliche Untersuchung des Beschuldigten).

2.2.1 Zweck/Tatbestandsvoraussetzungen

Die Speichelprobe dient der Feststellung von Tatsachen, die für das Verfahren von Bedeutung sind.

Die Speichelprobe muss **erforderlich** sein („... *zu diesem Zweck*"). Sie ist die einzige Maßnahme, mit der das einmalige DNA-Identifizierungsmuster von Herold erhoben werden kann. Dieses wird zum Spurenvergleich mit der Blutspur vom Tatort benötigt. Nur so kann die Blutspur dem mutmaßlichen Verursacher Herold zugeordnet werden (oder auch nicht, wenn keine Übereinstimmung zwischen der DNA von der Tatort-Blutspur mit Herolds DNA besteht).

(Juristisch formuliert: Speichelprobe zu deren molekulargenetischen Untersuchung zum Vergleich der daraus gewonnenen Stammzellen mit denen, die aus der Blutspur am Tatort gewonnen wurden.)

2.2.2 Adressat der Maßnahme

Der **Adressat** der Speichelprobe ist der **Beschuldigte** Herold. Beschuldigter ist diejenige Person, gegen die konkret das Strafverfahren betrieben wird. Hier richtet sich der staatliche Willensakt (Ermittlungen wegen Wohnungseinbruch) gezielt gegen Herrn Herold, der damit zum Beschuldigten wird. Durch die Zeugenaussage und das aufgefundene Diebesgut richten sich die Ermittlungen ganz gezielt gegen Herold.

2.3 Rechtsfolge

Herold muss die Speichelprobe (= einfache körperliche Untersuchung) dulden. Die einfache körperliche Untersuchung dient der Begutachtung der Beschaffenheit des Körpers und der Funktionsfähigkeit seiner Organe (hier: Erhebung des DNA-Identifizierungsmusters aus dem Körpersekret).

Die Speichelprobe ist eine eingriffslose einfache körperliche Untersuchung, weil nicht in das muskel- und gewebeumschlossene Körperinnere eingegriffen wird.

2.4 Verhältnismäßigkeit

Die Speichelprobe als vergleichsweise leichter körperlicher Eingriff ist auch im engeren Sinne verhältnismäßig. Sie stand im Verhältnis zur Schwere der Tat und zur Stärke des Tatverdachts.

3. Formelle Rechtmäßigkeit

3.1 Anordnungskompetenz

Nach § 81a Abs. 2 StPO darf nur der Richter, bei Gefahr im Verzug auch die StA und ihre Ermittlungspersonen die körperliche Untersuchung, hier die Speichelprobe, anordnen. Hier entfällt eine förmliche Anordnung, da es sich um eine formlose Maßnahme handelt. Herr Herold hat freiwillig in die Entnahme einer Speichelprobe eingewilligt.

4. Form- und Fristbestimmungen

Nach § 81a Abs. 1 StPO darf eine einfache körperliche Untersuchung auch von einem medizinischen Laien vorgenommen werden, da keine Gesundheitsbeeinträchtigung zu erwarten ist. So durfte diese von PK Schilling vorgenommen werden.

Nach § 81a Abs. 3 StPO ist die Zweckbindung für das aktuelle Strafverfahren und das Vernichtungsgebot zu beachten.

Nach § 81d StPO soll die körperliche Untersuchung von Personen gleichen Geschlechts oder einem Arzt vorgenommen werden. Auch diesem Erfordernis wurde entsprochen. Die Entnahme der Speichelprobe erfolgte durch PK Schilling.

5. Ergebnis

Die Speichelprobe war rechtmäßig durchgeführt worden.

Anmerkungen:

Die Entnahme der Speichelprobe als solche (bei Weigerung erfolgt eine Blutentnahme) richtet sich nach § 81a StPO. Die anschließende molekulargenetische Untersuchung zum Vergleich der daraus gewonnenen Stammzellen mit denen, die aus der Blutspur am Tatort gewonnen wurden, richtet sich nach § 81e StPO (Aufklärung im aktuellen Fall, bei jeder Straftat möglich).

Fall 15 beschäftigt sich mit dem Ziel der Speicherung des DNA-Profils in der DNA-Analyse-Datei. Diese richtet sich nach § 81g StPO (Aufklärung für zukünftige Fälle, Speicherung nur bei ganz bestimmten Straftaten und weiteren Voraussetzungen möglich).

Fall 15: Molekulargenetische Untersuchung für künftige Strafverfahren

Sachverhalt:

Ausgehend vom Sachverhalt im Fall 14 veranlasst PK Schilling die molekulargenetische Untersuchung der entnommenen Speichelprobe auch im Hinblick auf die Speicherung des DNA-Identifizierungsmusters von Volker Herold in der DNA-Datei für die Verwendung in künftigen Strafverfahren.

Volker Herold willigt nach Belehrung in diese Maßnahme ein.

Aufgabe:

Erläutern und begründen Sie die Rechtmäßigkeit der Entnahme von Körperzellen (Speichelprobe) zur molekulargenetischen Untersuchung mit der Zielrichtung der Speicherung des DNA-Identifizierungsmusters von Herold in der DNA-Datei.

Lösungsvorschlag:

1. Vorprüfung

Durch die Zeugenaussage des Eigentümers Dr. Böhm, des Zeugen Fähner und die Feststellungen am Tatort ergeben sich nach § 152 Abs. 2 StPO zureichende tatsächliche Anhaltspunkte für eine Straftat (Wohnungseinbruchdiebstahl). Daher müssen die Polizeibeamten PHM Kiesow und PK Schilling strafverfolgend tätig werden und kommen dem Legalitätsprinzip nach § 163 StPO nach.

2. Materielle Rechtmäßigkeit

2.1 Auswahl der Eingriffsermächtigung

Die Rechtsgrundlage für die Entnahme einer Speichelprobe bei Herold und deren molekulargenetischen Untersuchung ergibt sich aus § 81g Abs. 1 StPO.

2.1.1 Zweck/Tatbestandsvoraussetzungen

Die molekulargenetische Untersuchung zur Feststellung des DNA-Profils von Herold (mit anschließender Speicherung des DNA-Identifizierungsmusters) dient der erleichterten Identifizierung des Volker Herold bei Straftaten, die er in Zukunft begehen könnte.

Anmerkungen:

Da die Tatbestandsvoraussetzungen des § 81g Abs. 1 StPO komplex sind, werden sie nachfolgend übersichtlich dargestellt und erst anschließend fallbezogen subsumiert.

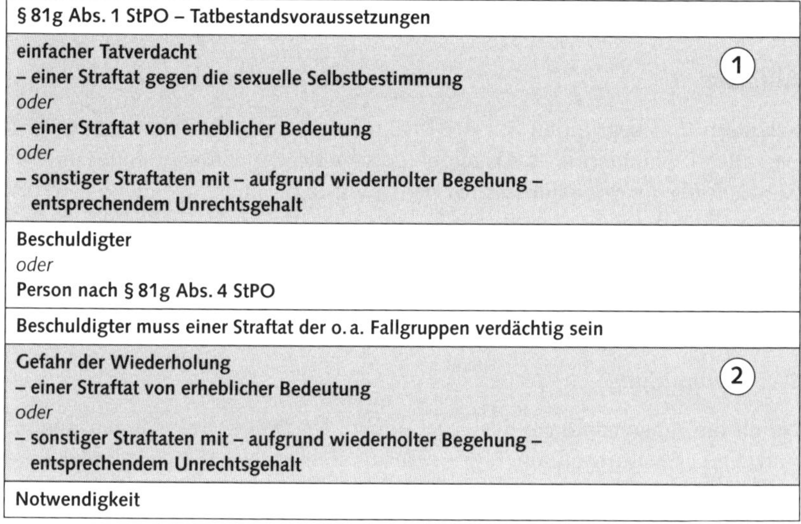

§ 81g Abs. 1 StPO – Tatbestandsvoraussetzungen	
einfacher Tatverdacht **– einer Straftat gegen die sexuelle Selbstbestimmung** *oder* **– einer Straftat von erheblicher Bedeutung** *oder* **– sonstiger Straftaten mit – aufgrund wiederholter Begehung – entsprechendem Unrechtsgehalt**	①
Beschuldigter *oder* **Person nach § 81g Abs. 4 StPO**	
Beschuldigter muss einer Straftat der o. a. Fallgruppen verdächtig sein	
Gefahr der Wiederholung **– einer Straftat von erheblicher Bedeutung** *oder* **– sonstiger Straftaten mit – aufgrund wiederholter Begehung – entsprechendem Unrechtsgehalt**	②
Notwendigkeit	

Zunächst setzt die DNA-Maßnahme nach § 81g Abs. 1 StPO den Verdacht einer Straftat voraus. Ausreichend ist hierbei ein einfacher Tatverdacht.

Allerdings muss es sich bei der **Anlass-Straftat um eine ganz bestimmte Straftat** handeln, die § 81g Abs. 1 StPO abschließend aufzählt und einschränkt (siehe grafische Darstellung oben, Ziffer 1 im Kreis).

Herold hat mit dem vollendeten Wohnungseinbruchdiebstahl **eine Straftat von erheblicher Bedeutung** begangen. Der WED ist ein Verbrechen, das den Rechtsfrieden empfindlich stört und geeignet ist, das Gefühl der Rechtssicherheit der Bevölkerung erheblich zu beeinträchtigen.

(Hier kann auch die dritte Fallgruppe aus Ziffer 1 im Kreis begründet werden, also die **wiederholte Begehung sonstiger Straftaten**. Herold ist bereits mit fünf Straftaten erfasst, so dass der nunmehr begangene WED die 6. Straftat darstellt. Wiederholt begangene Straftaten ergeben in der Gesamtschau den gleichen Unrechtsgehalt wie eine **Straftat von erheblicher Bedeutung**).

Herold muss **Beschuldigter** einer Straftat dieser drei Fallgruppen aus Ziffer 1 im Kreis sein. Da das Strafverfahren in Sachen WED (aufgrund dringenden Tatverdachts) konkret gegen ihn betrieben wird, ist er Beschuldigter (s. u. bei 2.2.2).

Eine entscheidende weitere Tatbestandsvoraussetzung des § 81g Abs. 1 StPO ist das Vorliegen der sogenannten **qualifizierten Wiederholungsgefahr**. D. h. die Art und Ausführung der Tat, das Täterprofil sowie sonstige Erkenntnisse müssen die Annahme der künftigen Begehung von Straftaten von erheblicher Bedeutung oder wiederum – bei entsprechendem Unrechtsgehalt – die wiederholte Begehung sonstiger Straftaten begründen.

Im Ausgangsfall muss dem Beschuldigten Herold also die Begehung einer Straftat, wie oben in Ziffer 2 im Kreis dargestellt, prognostiziert werden. Hier kann zumindest die zukünftige wiederholte Begehung von (weiteren) Straftaten mit hoher Wahrscheinlichkeit gemutmaßt werden. Denn Herold hat bereits 5 Eigentumsdelikte begangen, jetzt kam ein 6. einschlägiges (gleichartiges) Delikt, nämlich der WED, hinzu. Es ist weiterhin davon auszugehen, dass Volker Herold seiner Neigung, Eigentumsdelikte zu begehen, nicht widerstehen kann und „weitermachen“ wird.* Bei der jüngsten Straftat, dem WED, hat Herold – selbst in einem persönlichen Notfall mit erforderlichem Besuch in der Wohnung des Arztes – noch eigene, kriminelle Gedanken gefasst, welche stehlenswerte Gegenstände sich in der Arztwohnung befinden und entsprechend Umschau gehalten.

Aus diesen Gründen **besteht** bei ihm künftig **die Gefahr der Wiederholung** von **Straftaten erheblicher Bedeutung**. Auch dass er weiterhin (beharrlich) und somit mehrfach Eigentumsdelikte begeht, liegt nicht fern. Somit können beide Fallgruppen in die Wiederholungsprognose eingeschlossen werden.

* Nach der Rechtsprechung des Bundesverfassungsgerichts (Beschluss vom 29.09.2013 – 2 BvR 939/13) bedarf es einer auf den konkreten Einzelfall bezogenen Darlegung der Gründe für eine qualifizierte Wiederholungsgefahr. Die bloße Wiedergabe des Gesetzeswortlauts reicht nicht aus. Vgl. auch § 81g Abs. 3 Satz 5 StPO.

Die molekulargenetische Untersuchung mit dem Ziel der Speicherung des DNA-Identifizierungsmusters muss **notwendig** sein. D. h., es muss für die Verwendung in künftigen Strafverfahren begründet werden können.

Bei Eigentumsdelikten besteht generell ein sehr guter Aufklärungsansatz hinsichtlich eines Spurenvergleichs. Dies wird im Ausgangsfall am besten deutlich. Bei Eigentumsdelikten (Diebstahl ist ein Zugriffsdelikt) ist mit entsprechendem Spurenmaterial zu rechnen. Aus diesem Grund ist die Speicherung des DNA-Identifizierungsmusters des Beschuldigten Herold in der DNA-Analyse-Datei (DAD) notwendig. Es ist eine geeignete, weil taugliche Maßnahme zur bestmöglichen Sachaufklärung in künftigen Strafverfahren.

2.2.2 Adressat der Maßnahme

Der **Adressat** der Maßnahme ist der **Beschuldigte** Herold. Beschuldigter ist diejenige Person, gegen die konkret das Strafverfahren betrieben wird. Hier richtet sich der staatliche Willensakt (Ermittlungen wegen Wohnungseinbruch) gezielt gegen Volker Herold, der damit zum Beschuldigten wird. Durch die Zeugenaussage und das aufgefundene Diebesgut richten sich die Ermittlungen ganz gezielt gegen Herold, so auch die Maßnahme nach § 81g Abs. 1 StPO.

2.3 Rechtsfolge

Herold muss die Erhebung einer Speichelprobe und deren molekulargenetische Untersuchung (sowie die anschließende Speicherung seines Profils in der DAD) dulden.*

2.4 Verhältnismäßigkeit

Die Speicherung des DNA-Identifizierungsmusters in der DAD ist auch im engeren Sinne verhältnismäßig. Sie stand im Verhältnis zur Schwere der Tat und zur Stärke des Tatverdachts.**

* Die Rechtsfolge hat hier drei „staatl. Willensakte“ zur Folge, die Herold erdulden muss.

** Die Verhältnismäßigkeit dieses Eingriffs ergibt sich „tatbestandsimmanent“ (ist also dem Tatbestand innewohnend) durch die Einschränkung auf bestimmte Anlasstaten und die Begründung der qualifizierten Wiederholungsgefahr.

3. Formelle Rechtmäßigkeit

3.1 Anordnungskompetenz

Nach § 81g Abs. 3 StPO darf die Entnahme der Körperzellen ohne schriftliche Einwilligung des Beschuldigten nur durch das Gericht, bei Gefahr im Verzug auch durch die Staatsanwaltschaft und ihre Ermittlungspersonen angeordnet werden. **Die molekulargenetische Untersuchung** der Körperzellen **darf** ohne schriftliche Einwilligung des Beschuldigten **nur durch das Gericht angeordnet** werden. Hier entfällt eine förmliche Anordnung, da es sich um eine formlose Maßnahme handelt. Denn Herold hat freiwillig in die molekulargenetische Untersuchung zum Zwecke der Speicherung in der DAD eingewilligt.

4. Form- und Fristbestimmungen

Nach § 81g Abs. 3 Satz 3 StPO ist die einwilligende Person darüber zu belehren, für welchen Zweck die zu erhebenden Daten verwendet werden. Nach § 81g Abs. 3 Satz 4 gilt § 81f Abs. 2 StPO entsprechend (unzulässige molekulargenetische Untersuchungen müssen ausgeschlossen sein …).

5. Ergebnis

Die Entnahme einer Speichelprobe zur molekulargenetischen Untersuchung zur Speicherung des DNA-Identifizierungsmusters war rechtmäßig.

Anmerkungen:

Selbst bei Einwilligung des Beschuldigten, dass sein DNA-Profil in der DNA-Analyse-Datei gespeichert werden darf, muss zuvor geprüft werden, ob

- *in der „Rückschau" eine Anlass-Straftat vorliegt, die unter die drei Fallgruppen in Ziffer 1 im Kreis fällt*
- *in der „Vorschau" die qualifizierte Wiederholungsprognose für die Straftaten aus Ziffer 2 im Kreis gestellt werden kann.*

In der Praxis wird oftmals zusätzlich zur ED-Behandlung eines Ersttäters (z.B. beim rumänischen Ladendieb) eine Speichelprobe auf freiwilliger Basis zur Speicherung in der DAD erhoben.

Das ist „gut gemeint, aber nicht gut gemacht".

Denn der Ladendiebstahl fällt als Ersttat unter keine der drei Fallgruppen aus Ziffer 1 im Kreis. Damit entfällt bereits die erste, unerlässliche Tatbestandsvoraussetzung!

Eine ganz hervorragende Abhandlung des § 81g StPO beinhaltet der Newsletter Nr. 15, Eingriffsrecht, der Landespolizeischule, Fachhochschule für öffentliche Verwaltung – Fachbereich Polizei – des Landes Rheinland-Pfalz, als PDF im Internet verfügbar.

Aus der Internetseite des BKA:

DNA-Treffer Statistik

Mit Ablauf des 1. Quartals 2019 umfasste die DNA-Analyse-Datei einen Bestand von 1.207.907 Datensätzen. Diese Gesamtzahl setzt sich zusammen aus 865.923 Personendatensätzen und 341.984 Spurendatensätzen. Jeden Monat werden ca. 8.200 neue Datensätze in der DNA-Analyse-Datei erfasst. Aufgrund von Fristablauf oder aus anderen Gründen wurden seit 1998 etwa 676.000 Datensätze wieder gelöscht.

Seit Errichtung der Datei wurden über 290.000 Treffer erzielt (Stand: 08/2019).

E. Fälle zu Festnahme, Haftbefehl und ED-Behandlung (§§ 127, 112, 81b StPO)

Fall 16: Gewerbsmäßiger Diebstahl

Sachverhalt:

Am Samstag, den 21.09.2019, um 13.30 Uhr, verständigt der Inhaber des Juweliergeschäfts Ch. das Polizeirevier in A-Stadt und teilt mit, dass soeben eine männliche Person zwei Goldketten im Wert von ca. 2.000 € entwendet habe. Auf der Flucht vor ihm habe der Täter eine Visitenkarte des Hotels „Royal“ aus A-Stadt verloren.

PHM M. und PMin K. fahren zum Juwelier, um die Ermittlungen aufzunehmen. Sie erhalten dort vom Inhaber eine sehr detaillierte Beschreibung des Täters. Außerdem übergibt er den Polizeibeamten die verlorene Visitenkarte.

Gegen 14.30 Uhr begeben sich PHM M. und PMin K. ins Hotel „Royal“. An der Rezeption erkundigen sie sich nach einer Person mit der vom Zeugen abgegebenen Beschreibung. Der Hotelportier benennt eine Person, die seit zwei Tagen im Hotel wohne und vor etwa 15 Minuten gekommen sei. Der Portier erinnert sich, dass der Mann nach Visitenkarten gefragt hatte.

PHM M. bittet den Portier, ihnen das Zimmer zu zeigen. Als dieses auf Klopfen geöffnet wird, fordert PHM M. die Person nach Vorhalt auf, sich auszuweisen. Die Personenbeschreibung des Geschädigten trifft exakt auf diese Person zu. Der Verdächtige legt daraufhin einen schlecht verfälschten Pass auf den Namen F. Romanescu vor (Lichtbildauswechslung). Eine Überprüfung des Passes ergibt, dass der Pass gestohlen ist. Der Verdächtige beharrt hartnäckig, Romanescu zu heißen.

Aufgrund der bisherigen Ermittlungen werden daraufhin zunächst der Verdächtige und anschließend das Hotelzimmer durchsucht. Im Schrank finden die Beamten die beiden gesuchten Goldketten in einer Lederjacke und weiteren Schmuck im Gesamtwert von ca. 20.000 €. Trotz Protest des Verdächtigen, der behauptet, Eigentümer zu sein, wird der Schmuck beschlagnahmt.

Zur weiteren Abklärung der Identität wird der Verdächtige zur Dienststelle verbracht, wo eine erkennungsdienstliche Behandlung durchgeführt wird. Auch danach ergeben sich keinerlei Hinweise auf dessen Identität.

Dem Verdächtigen wird die vorläufige Festnahme erklärt. Am nächsten Tag wird er beim Amtsgericht in A-Stadt vorgeführt.

Aufgabe:

Erläutern und begründen Sie sachverhaltsbezogen die Rechtmäßigkeit der vorläufigen Festnahme einschließlich der Vorführung beim Amtsgericht sowie der ED-Behandlung!

Lösungsvorschlag:

1. Vorprüfung

Ein Anfangsverdacht liegt vor, wenn es aufgrund konkreter Tatsachen nach kriminalistischer Erfahrung als möglich erscheint, dass eine verfolgbare Straftat begangen wurde. Bloße Vermutungen reichen hierzu nicht aus. Verdächtiger ist, wer als Täter oder Teilnehmer einer Straftat in Betracht kommt (§ 152 Abs. 2 StPO).

Der Verdächtige entspricht der Beschreibung des Juweliers. Er kommt somit als Dieb in Frage. Die Beamten sind verpflichtet, alle Maßnahmen zu treffen, um die Verdunkelung der Sache zu verhüten. Sie werden strafverfolgend tätig (§ 163 StPO).

2. Materielle Rechtmäßigkeit

2.1 Auswahl der Eingriffsermächtigung

Zweck der Maßnahme ist die Mitnahme des Verdächtigen gegen dessen Willen zum Polizeirevier. Hierzu ist die vorläufige Festnahme (§ 127 Abs. 1, ggf. Abs. 2 StPO) die richtige Maßnahme.

Um die Identität feststellen zu können, ist die ED-Behandlung nach § 163b Abs. 1 StPO vorzunehmen.

2.2 Voraussetzungen der Eingriffsermächtigungen

I. Vorläufige Festnahme

2.2.1 Tatbestandsvoraussetzungen für die Festnahme nach § 127 Abs. 1 StPO

Als Eingriffsermächtigung ist § 127 StPO heranzuziehen. Diese Bestimmung beinhaltet zwei Alternativen: Absatz 1 bei Betreffen oder Verfolgen auf frischer Tat durch jedermann, also auch durch Polizeibeamte, Absatz 2 nur bei Gefahr im Verzug durch die Staatsanwaltschaft und durch Beamte des Polizeidienstes, wenn die Voraussetzungen eines Haft- oder Unterbringungsbefehls vorliegen.

Der unbekannte Täter wurde nach § 127 Abs. 1 StPO auf frischer Tat verfolgt. Dies ist jemand, der sich zwar bereits vom Tatort entfernt hat, seine Verfolgung aber alsbald im räumlichen und zeitlichen Zusammenhang zur Tat aufgenommen wird. Tat i. S. v. § 127 Abs. 1 StPO ist hier der Diebstahl als Straftat.

Unstrittig ist, dass der unbekannte Täter sich vom Tatort entfernt hat. Dies geht aus der Zeugenaussage des Juweliers hervor. Dieser wiederum verständigt unmittelbar danach die Polizei, gibt eine detaillierte Personenbeschreibung ab und darüber hinaus den entscheidenden Hinweis mit der verlorenen Visitenkarte des Hotels „Royal". Dies sind Ermittlungen, wie sie in § 127 Abs. 1 StPO gefordert werden. Bereits eine Stunde nach Anzeigeerstattung treffen die ermittelnden Beamten in besagtem Hotel ein und führen dort weitere Ermittlungen durch, die schließlich nach Überprüfung der Personenbeschreibung zum vermeintlichen Täter führen.

Die Person muss der Flucht verdächtig sein. Das bedeutet, dass nach den Umständen des Einzelfalls die Annahme gerechtfertigt ist, sie werde sich unerkannt dem Strafverfahren entziehen. Die Identität der Person lässt sich vor Ort nicht klären. Sie legte einen gestohlenen Pass vor, unter dessen Personalien sie sich auch in dem Hotel einmietete.

Die Durchsuchung des Hotelzimmers (§ 102 StPO) ergab weiteres vermeintliches Diebesgut, weshalb Tatbestand, Hintermänner, Mittäter sowie evtl. Hehler noch unbekannt sind. All dies deutet darauf hin, dass der Täter für den Fall der Verfolgung bzw. Entdeckung durch die Polizei Vorkehrungen getroffen hat, die eine Ermittlung seiner Person erschweren soll, weshalb er als fluchtverdächtig anzusehen ist.

Unter diesen Voraussetzungen darf er ohne richterliche Anordnung von jedermann, somit auch von den Polizeibeamten, vorläufig festgenommen werden.

Hier können beide Alternativen begründet werden.

2.2.2 Voraussetzungen eines Haftbefehls nach § 112 StPO

Da der Verdächtige am nächsten Tag beim zuständigen Amtsgericht vorgeführt wird, sind dazu die Voraussetzungen eines Haftbefehls gem. § 112 StPO zu prüfen.

Die Untersuchungshaft darf gegen den Beschuldigten nur angeordnet werden, wenn er der Tat dringend verdächtig ist und ein Haftgrund besteht. Außerdem muss die Anordnung der Untersuchungshaft verhältnismäßig sein.

Die bislang unbekannte Person ist Beschuldigte, da sie für den Diebstahl in Betracht kommt und konkret gegen sie ermittelt wird.

Gemäß § 112 Abs. 1 StPO muss er der Tat dringend verdächtig sein. Das bedeutet, dass nach dem gegenwärtigen Stand der Ermittlungen ein hoher Grad der Wahrscheinlichkeit besteht, dass der Beschuldigte Täter oder Teilnehmer der Straftat ist.

Die detaillierte Personenbeschreibung des Juweliers, die vom Täter verlorene Visitenkarte des Hotels, das aufgefundene Diebesgut in seinem Hotelzimmer sowie weiterer verdächtiger Schmuck ergeben eine lückenlose Beweiskette, die für seine Täterschaft spricht.

Des Weiteren muss ein Haftgrund bestehen. Hier liegt Fluchtgefahr gem. § 112 Abs. 2 Nr. 2 StPO vor. Fluchtgefahr besteht, wenn bei Würdigung der Umstände des Einzelfalles die Gefahr besteht, dass sich der Beschuldigte dem Strafverfahren entziehen werde.

Die Identität des Beschuldigten ist selbst nach einer Überprüfung seiner Fingerabdrücke noch nicht festgestellt. Er ist aller Wahrscheinlichkeit nach Ausländer ohne soziale Bindungen in Deutschland, da er im Hotel wohnt. Die Herkunft des übrigen Schmucks lässt weitere Diebstahlsdelikte nicht nur vermuten, weshalb nicht davon ausgegangen werden kann, dass er sich dem Strafverfahren stellt. Im Übrigen, wohin sollte die Anklageschrift adressiert werden?

Die Anordnung der Untersuchungshaft ist sogar erforderlich, denn sonst könnte das Strafverfahren aller Wahrscheinlichkeit nach gar nicht durchgeführt werden.

Die Anordnung der U-Haft wäre auch verhältnismäßig angesichts der begangenen Tat, der mehr als eindeutigen Fluchtgefahr und der zu erwartenden Strafe.

2.2.3 Adressat der Maßnahme

Der unbekannte Täter ist eines gewerbsmäßigen Diebstahls und der Urkundenfälschung verdächtig. Der Pass scheint gefälscht. Er ist somit der richtige Adressat der Maßnahme.

2.3 Rechtsfolge

Der zunächst noch unbekannte Beschuldigte muss die Festnahme zwecks Prüfung der Haftfrage dulden.

2.4 Verhältnismäßigkeit

Die Festnahme war erforderlich, da ohne sie die notwendigen Maßnahmen gegen den Beschuldigten nicht möglich gewesen wären. Sie war notwendig, um überhaupt das Strafverfahren gegen ihn konkret betreiben zu können.

Die Festnahme war ferner geeignet, da erst durch sie die Voraussetzungen für einen Haftbefehl geprüft werden konnten.

Die Festnahme war schließlich auch verhältnismäßig. Letztendlich entscheidet der zuständige Richter über die Fortdauer der Freiheitsentziehung, indem er einen Haftbefehl erlässt oder nicht. Angesichts der Schwere der Taten und der Stärke des Tatverdachts war die Festnahme angemessen.

3. Formelle Rechtmäßigkeit

3.1 Anordnungskompetenz

Zur vorläufigen Festnahme nach § 127 Abs. 1 StPO ist jedermann, also auch jeder Polizeibeamte, befugt.

3.2 Vorführung

Jede vorläufig festgenommene Person ist nach § 128 Abs. 1 StPO unverzüglich, spätestens am Tage nach der Festnahme, dem zuständigen Richter vorzuführen, sofern sie nicht wieder in Freiheit entlassen wird.

Da der unbekannte Beschuldigte am nächsten Tag vorgeführt wird, wurde dieser Vorschrift entsprochen. Unverzüglich bedeutet nicht sofort. Erforderliche Ermittlungen, um den dringenden Tatverdacht abzusichern, sind notwendig.

Auch muss die Staatsanwaltschaft, die nach § 128 Abs. 2 StPO den Antrag auf Erlass eines Haftbefehls stellt, in die Möglichkeit versetzt werden, die Ermittlungen nachzuvollziehen, bevor sie diesen stellt.

4. Formvorschriften

Der Beschuldigte ist nach § 127 Abs. 4 StPO gemäß den §§ 114a bis 114c StPO zu belehren.

5. Ergebnis

Die vorläufige Festnahme war rechtmäßig.

II. ED-Behandlung

2.2.1 Tatbestandsvoraussetzungen für die ED-Behandlung

Im vorliegenden Sachverhalt wird die erkennungsdienstliche Behandlung nach zwei Eingriffsermächtigungen durchgeführt.

Zum einen nach § 163b Abs. 1 StPO, um die Identität des Verdächtigen festzustellen.

Zum anderen nach § 81b StPO. Diese Eingriffsermächtigung erlaubt es in der 1. Alternative, für Zwecke der Durchführung des Strafverfahrens, d.h. dem Beschuldigten die Tat nachzuweisen, in der 2. Alternative für Zwecke des Erkennungsdienstes, d.h. für die Aufklärung bereits begangener, aber auch zukünftiger Straftaten.

Im vorliegenden Sachverhalt kommen beide Alternativen zur Anwendung. Die unbekannte Person ist Beschuldigte, da konkret gegen sie wegen Diebstahls ermittelt wird. Zu diesem Zweck dürfen Lichtbilder und Fingerabdrücke auch gegen ihren Willen aufgenommen und Messungen und ähnliche Maßnahmen an ihr vorgenommen werden. Beschränken wir uns auf Lichtbilder und Fingerabdrücke.

Hinsichtlich des zusätzlich aufgefundenen Schmucks wird gegen den Beschuldigten ein Strafverfahren durchgeführt. Um ihm die Tat(en) nachzuweisen, ist es u.U. erforderlich, seine Fingerabdrücke mit bereits gesicherten Fingerspuren zu vergleichen bzw. seine Lichtbilder evtl. Tatzeugen im Rahmen einer Wiedererkennung (Wahllichtbildvorlage) vorzulegen.

Des Weiteren ist anzunehmen, dass durch den Beschuldigten verübte Straftaten zukünftig aufgeklärt werden können.

§ 81b 2. Alternative StPO fordert hierzu eine Prognose, dass der Beschuldigte zukünftig weiterhin straffällig werden wird. Diese ist hier aufgrund der gezeigten kriminellen Vorgehensweise sowie der wiederholt begangenen Taten eindeutig zu bejahen.

2.2.2 Adressat der Maßnahme

§ 81b StPO fordert einen Beschuldigten. Beschuldigter einer Straftat ist derjenige, gegen den das Strafverfahren betrieben wird und gegen den konkret ermittelt wird.

2.3 Rechtsfolge

Der bislang unbekannte Beschuldigte muss die ED-Behandlung über sich ergehen lassen.

2.4 Verhältnismäßigkeit

Die ED-Behandlung war erforderlich, da ohne sie weitere vom Beschuldigten begangene Straftaten nicht aufgeklärt werden können.

Sie war ferner notwendig, da es keine andere alternative Maßnahme gibt.

Sie war ferner geeignet, da nur so die Täteridentifizierung und der Tatnachweis möglich sind.

Die ED-Behandlung war auch verhältnismäßig. Stellt man den Grundrechtseingriff dem erstrebten strafprozessualen Zweck gegenüber (weitere Aufklärung von künftigen Straftaten), war die prozessuale Maßnahme angemessen.

3. Formelle Rechtmäßigkeit

Zur Anordnung und Durchführung der ED-Behandlung gem. § 81b StPO ist jeder Polizeibeamte befugt.

4. Form- und Fristbestimmungen

Die Bestimmung des § 81d StPO ist zu beachten.

5. Ergebnis

Die ED-Behandlung war rechtmäßig.

Fall 17: Schwund im Briefverkehr

Sachverhalt:

Nach Ermittlungen wegen ständig fehlender Postsendungen wurde im September 2019 in Herrenberg ein Briefkasten observiert, bei dem immer wieder eingeworfene Briefe den Empfänger nicht erreichten. Den Polizeibeamten fiel auf, wie Frau Lisa Martin (Angestellte einer privaten Leerungsfirma) bei der Leerung die Briefe sortierte und einige in ihrer Handtasche verstaute.

Auf dem Weg zum Briefzentrum Freudenstadt hielt Frau Martin mit ihrem Pkw auf einem Freibadparkplatz und sichtete die „abgezweigten" Briefe in ihrer Handtasche.

Nach Auslieferung des Postsacks beim Briefzentrum Freudenstadt wurde Frau Martin von KKin Bauer und KOK Wagner vorläufig festgenommen.

Bei der Durchsuchung ihrer Handtasche konnten 21 geöffnete Briefe aufgefunden werden. Bei der richterlich angeordneten Wohnungsdurchsuchung fanden die Polizeibeamten weitere 181 bereits früher unterschlagene Briefe sowie 780 € in Scheinen zu 50, 20, 10 und 5 €.

Ferner bewahrte Frau Martin unter der Matratze ihres Bettes Unterlagen eines jüngst eröffneten Girokontos einer bekannten Bank im nahe gelegenen Tübingen auf. Dieses Girokonto hatte sie mit einer auf den Namen „Martini" gefälschten Geburtsurkunde und einer ebenso gefälschten Meldebestätigung eröffnet.

Diese Beweismittel wurden alle beschlagnahmt. Frau Martin, die der Durchsuchung beiwohnte, wurde anschließend zu weiteren Maßnahmen (u. a. Prüfung der Haftfrage) zur Kripo verbracht.

In den polizeilichen Dateien war Frau Martin bereits mit mehreren Einträgen wegen Einmietebetrug, Aufbruch einer Geldkassette in einer Gaststätte sowie wegen Hehlerei von Schmuck und Betrug, zum Nachteil der öffentlichen Hand (Bezug von Arbeitslosengeld trotz Beschäftigung), erfasst.

Da die Beschuldigte bislang noch nicht zur vorbeugenden zukünftigen Strafverfolgung erkennungsdienstlich behandelt worden war, erfolgte auf Anordnung von KOK Wagner eine ED-Behandlung bei der Kripo in Döblingen.

Frau Martin erhob weder Widerspruch gegen die Einbehaltung der Beweismittel noch gegen die Durchführung der ED-Behandlung.

Aufgabe:

Prüfen und begründen Sie die Rechtmäßigkeit der erkennungsdienstlichen Behandlung (ED-Behandlung)!

Lösungsvorschlag:

1. Vorprüfung

Ein Anfangsverdacht liegt vor, wenn es aufgrund konkreter Tatsachen nach kriminalistischer Erfahrung als möglich erscheint, dass eine verfolgbare Straftat begangen wurde. Bloße Vermutungen reichen hierzu nicht aus.

Hier begründet sich der Anfangsverdacht, also die zureichenden tatsächlichen Anhaltspunkte für eine Straftat (vgl. § 152 Abs. 2 StPO), aus den polizeilichen Ermittlungen und den Wahrnehmungen der Polizeibeamten, die Augenzeugen einer Unterschlagung von Postsendungen wurden. Die Polizei wird also strafverfolgend nach § 163 StPO tätig. Hier die Kripobeamten.

2. Materielle Rechtmäßigkeit

2.1 Auswahl der Eingriffsermächtigung

Die Eingriffsermächtigung hierfür ergibt sich aus § 81b, 2. Alt. StPO.

2.2 Voraussetzungen der Eingriffsermächtigung

2.2.1 Zweck/Tatbestandsvoraussetzungen

Zweck der Maßnahme ist die vorbeugende Bekämpfung von Straftaten (Strafverfolgungsvorsorge).

Ziel dieser Maßnahme ist es, die Identifizierung eines Beschuldigten bei zukünftig begangenen Straftaten zu erleichtern.

Frau Martin muss sich im Status einer Beschuldigten befinden. Ferner bedarf es eines *aktuell* anhängigen Ermittlungs-/Strafverfahrens gegen sie. Die Maßnahmen müssen schließlich dem Zweck des Erkennungsdienstes dienen.

Beschuldigte im Sinne von § 81b StPO ist die Tatverdächtige Frau Martin, weil die Polizei konkret gegen sie das Strafverfahren wegen Unterschlagung/Urkundenfälschung u.a. betreibt.

Insofern handelt es sich auch um ein aktuelles Strafverfahren.

Die ED-Behandlung erfolgt zum Zwecke des Erkennungsdienstes. Die Anfertigung dieser Unterlagen bei der Beschuldigten Martin ist für künftige Ermittlungen erforderlich und geeignet.

Aufgrund der nicht unerheblichen kriminellen Energie, die Frau Martin mit den bereits begangenen Straftaten zeigte, kann von einer begründeten Wiederholungsgefahr ausgegangen werden. Es liegen genügend Anhaltspunkte dafür vor, dass Frau Martin künftig in den Kreis potenziell Beteiligter an einer Straftat einbezogen werden kann.

Bei der Art der begangenen Straftaten ermöglichen vorhandene Lichtbilder und die Fingerabdrücke von Frau Martin ferner ihre Identifizierung in künftigen Strafverfahren.

Ihre Straftaten beschränken sich eben nicht z. B. auf den sozialen Nahraum im häuslichen Umfeld, wo sie bekannt ist und Identifizierungsunterlagen somit entbehrlich wären.

2.2.2 Adressat der Maßnahme

Adressat der Maßnahme ist Lisa Martin. Sie ist Beschuldigte i. S. v. § 81b, 2. Alt. StPO, da das Strafverfahren konkret gegen sie betrieben wird.

2.3 Rechtsfolge

Frau Martin muss die im Einzelfall erforderlichen erkennungsdienstlichen Maßnahmen sowie die Freiheitsbeschränkung für die Dauer der Durchführung dulden. Im Beispielfall sind dies die Abnahme von Fingerabdrücken, Handflächenabdrücken, die Anfertigung von Lichtbildern und die Feststellung körperlicher Merkmale (Körpergröße, Augenfarbe, Narben, Hautanomalien, Tattoos, Kopfform etc.)

2.4 Verhältnismäßigkeit

Die erkennungsdienstliche Behandlung ist notwendig, da von der Beschuldigten Martin noch keine ED-Unterlagen vorhanden sind. Die Maßnahme ist ferner geeignet, da ihre personenbezogenen Erkennungsmerkmale es ermöglichen, bei künftigen Straftaten Identifizierungsmaßnahmen durchzuführen.

Die ED-Maßnahme ist auch verhältnismäßig. Die Art und Begehungsweise der bisher von Frau Martin verübten Straftaten weist eine hohe kriminelle

Energie auf. Die Beschuldigte ist hierdurch auch künftig in den Kreis potenzieller Rechtsbrecher mit einzubeziehen.

Daher wiegt der individuelle Schutz ihrer Persönlichkeitsrechte nicht so schwer wie das Interesse der Öffentlichkeit an einer effektiven Verhinderung und Aufklärung von Straftaten, die Frau Martin zukünftig begehen könnte.

3. Formelle Rechtmäßigkeit

3.1 Anordnungskompetenz

Die Anordnung von ED-Maßnahmen nach § 81b, 2. Alt. StPO obliegt ausschließlich der Polizei. Hierbei ist jeder Polizeibeamte anordnungsberechtigt, sodass KOK Wagner rechtmäßig die erkennungsdienstliche Behandlung angeordnet hat.

4. Form- und Fristbestimmungen

4.1 Belehrung bei Freiheitsentziehung

§§ 114a–114c StPO sind u.a. auch bei einer ED-Behandlung zu beachten. Hier ist Frau Martin aber zusätzlich im Status einer vorläufig Festgenommenen, sodass § 127 Abs. 4 StPO vorrangig ist.

5. Ergebnis

Die erkennungsdienstliche Behandlung zum Zwecke der Aufklärung künftiger Straftaten war rechtmäßig.

Anmerkung:

Eine ausführliche rechtliche Betrachtung der ED-Behandlung findet sich u.a. im DPolBl. 4/2008, ab S. 23.

Über die Anforderungen an die Prognose der Wiederholungsgefahr findet sich eine gute Begründung in OVG Magdeburg, 18.08.2010, StraFo 2011, 219; StV 2011, 391.

Zur Frage der grundsätzlichen Einordnung StPO oder materielles Polizeirecht vgl. BVerfG vom 18.05.2011, NVwZ-RR 2011, 710, und Mayer, ED-Behandlung, in Kriminalistik 8–9/2015, S. 520 (Abschied von der These vom materiellen Polizeirecht).

F. Fälle zu Identitätsfeststellung, Durchsuchung und vorläufiger Festnahme (§§ 163b, 102, 127 StPO)

Fall 18: Körperverletzung und Freiheitsberaubung, begangen durch Polizeibeamte während der Dienstausübung

Sachverhalt:

Am 10.10.2019, gegen 19.15 Uhr, bekommen POM H. und PM R., Angehörige des Streifendienstes beim Polizeirevier K-Stadt, den Auftrag, mehrere Tageswohnungseinbrüche, die in drei verschiedenen Stadtteilen verübt wurden, aufzunehmen. Bei den Einbrüchen wurden überwiegend Schmuck und Bargeld entwendet.

Nachdem die Beamten vier dieser Einbrüche aufgenommen haben, fahren sie gegen 23.45 Uhr zu ihrer Dienststelle zurück. Dabei fällt ihnen ein Pkw Daimler mit auswärtigem Kennzeichen (Nachbarkreis) auf, den sie kurz zuvor schon einmal gesichtet hatten. PM R. überprüft das Kennzeichen und den Halter in den polizeilichen Dateien. Dabei erfahren sie, dass gegen den Halter neun Ermittlungsverfahren – fünf davon wegen schweren Diebstahls – geführt worden waren. Nicht erfahren sie – sie hatten nicht nachgefragt –, dass der letzte Fall bereits über zehn Jahre zurückliegt.

Die Beamten folgen dem Pkw, halten ihn an und überprüfen den Fahrer, der auch gleichzeitig Halter ist. Als Grund der Kontrolle geben sie an, es handle sich um eine Verkehrskontrolle. Der Fahrer händigt auf entsprechende Aufforderung Führerschein, Zulassungsbescheinigung Teil I und Personalausweis aus. Daran anschließend wird er aufgefordert, den Kofferraum zu öffnen. Auch dem kommt er bereitwillig nach. Er öffnet auch entsprechend nach Aufforderung den im Kofferraum befindlichen Koffer.

Nachdem PM R. mit seiner Taschenlampe in das Innere des Fahrzeugs geleuchtet hat, fällt ihm ein auf dem Beifahrersitz liegender, schwarzer, relativ großer zweiter Koffer auf. Dieser Koffer hat zwei gesondert verschließbare Fächer, eines davon mit einem Zahlenschloss. Im Fach ohne Zahlenschloss finden die Beamten u. a. zwei Schraubenzieher und ein paar Schutzhandschuhe. Daraufhin verlangen die Beamten die Öffnung des zweiten Faches mit Zahlenschloss.

Aufgrund der Größe kommt es durchaus als Versteck für Schmuck und Bargeld in Betracht. Der Fahrer, der sich bisher sehr kooperativ und einsichtig gezeigt hat, empfindet dieses Vorgehen schikanös und weigert sich, den Koffer aufzuschließen. Trotz nochmaliger eindringlicher Aufforderung und Ankündigung von Zwangsmaßnahmen für den Fall der Weigerung bleibt der Fahrer dabei, weshalb er von POM H. durchsucht und anschließend gefesselt wird.

Schon beim Einsteigen beschwert sich der Fahrer über die zu eng angelegten Handschließen und daraus resultierender Schmerzen. Auch auf der Fahrt beschwert sich dieser mehrfach über diesen Umstand und über zunehmende Schmerzen und bittet die Beamten, die Handschließen doch ein wenig zu lockern, worauf ihm POM H. entgegnet, den Schlüssel für die Handschließen bedauerlicherweise nicht dabei zu haben.

Auf der Dienststelle gelingt es dann PM R. durch Verstellen der Zahlenkombination das bisher nicht geöffnete Fach des Koffers zu öffnen. Als sich dort lediglich ein Vesperbrot und einige persönliche Gegenstände befinden, erklärt PM R., nunmehr könnten die Handschließen abgenommen werden. Den Schlüssel dafür habe sein Kollege POM H. Dieser holt den Schlüssel aus seiner Hosentasche und nimmt die Handschließen ab. Anschließend fahren die beiden Beamten den Überprüften mit ihrem Dienstfahrzeug zu dessen Pkw.

Aufgabe:

Prüfen und begründen Sie sachverhaltsbezogen die Rechtmäßigkeit der Identitätsfeststellung, der Durchsuchung des Fahrers und dessen Pkw sowie der vorläufigen Festnahme!

Lösungsvorschlag:

I. Identitätsfeststellung

1. Vorprüfung

Voraussetzung für eine strafprozessuales Einschreiten ist ein Anfangsverdacht, d. h., es müssen hinreichende, tatsächliche Anhaltspunkte für eine verfolgbare Straftat vorliegen. Die beiden Polizeibeamten wurden beauftragt, mehrere Tageswohnungseinbrüche in ihrem Dienstbezirk aufzunehmen, was sie auch taten. Dabei handelt es sich um Straftaten nach § 244

StGB. Deshalb sind sie verpflichtet, alle Maßnahmen zu treffen, um die Verdunkelung der Sache zu verhüten.

2. Materielle Rechtmäßigkeit

2.1 Auswahl der Eingriffsermächtigung

Zweck der Maßnahme ist die Identitätsfeststellung des Daimler-Fahrers.

2.2 Voraussetzungen der Eingriffsermächtigung

2.2.1 Zweck/Tatbestandsvoraussetzungen

Die Identitätsfeststellung erfolgt nach § 163b Abs. 1 StPO. Die Polizei kann die Identität einer Person feststellen, wenn diese einer Straftat verdächtig ist, d.h. es müssen tatsächliche Anhaltspunkte dafür vorliegen, dass die Person als Täter oder Teilnehmer einer verfolgbaren Straftat in Betracht kommt. Bloße Vermutungen reichen hierfür aber nicht aus.

Die Tatsache, dass sich die Beamten vor dem Anhalten die über den Fahrzeughalter gespeicherten Daten besorgt hatten, führte bei diesen zu einem Irrtum, denn der letzte Fall lag bereits über zehn Jahre zurück, was die Beamten aber nicht nachfragten.

Einziger tatsächlicher Anhaltspunkt war, dass sich der Daimler-Fahrer ca. 4–5 Stunden nach der Tatzeit wenige Kilometer entfernt von den Tatorten im Straßenverkehr bewegte. Weitere Fahndungshinweise lagen nicht vor.

Somit war eine Identitätsfeststellung nach § 163b Abs. 1 StPO nicht zulässig. Offensichtlich aus diesem Bewusstsein heraus, begründeten die Beamten ihre Kontrolle gegenüber dem Daimler-Fahrer mit dem Hinweis „Verkehrskontrolle".

Gemäß § 36 Abs. 5 StVO kann die Polizei jeden Verkehrsteilnehmer anhalten und kontrollieren, d.h. Fahrzeug sowie Fahrzeugführer überprüfen.

2.2.2 Formen und Fristen

Vor der Identitätsfeststellung ist dem von der Maßnahme Betroffenen gemäß § 163a Abs. 4 StPO mitzuteilen, welche Tat ihm zur Last gelegt wird. Genau dies haben die Beamten unterlassen, genauer gesagt, sie nannten ihm einen lapidaren Grund, nämlich den der Verkehrskontrolle.

2.3 Adressat der Maßnahme

Der Daimler-Fahrer ist aufgrund fehlerhafter Beurteilung nicht Verdächtiger und somit auch nicht richtiger Adressat der Maßnahme.

3. Ergebnis

Die Identitätsfeststellung war rechtswidrig.

II. Durchsuchung

1. Vorprüfung

Siehe oben bei der Identitätsfeststellung.

2. Materielle Rechtsmäßigkeit

2.1 Auswahl der Eingriffsermächtigung

Zweck der Maßnahme ist die Durchsuchung des Daimler und dessen Fahrer.

2.2 Voraussetzungen der Eingriffsermächtigung

2.2.1 Zweck/Tatbestandsvoraussetzungen

Nach § 102 StPO kann die Polizei eine Person sowie deren mitgeführte Sachen (hier den Daimler) durchsuchen, wenn diese einer Straftat verdächtig ist, sowohl zum Zwecke der Ergreifung des Verdächtigen als auch zum Auffinden von Beweismitteln, wenn zu vermuten ist, dass die Durchsuchung erfolgreich sein werde.

2.2.2 Adressat der Maßnahme

Der Daimler-Fahrer musste verdächtig sein, eine verfolgbare Straftat begangen zu haben. Verdächtig ist jemand, bei dem tatsächliche Anhaltspunkte dafür vorliegen, dass er als Täter oder Teilnehmer einer verfolgbaren Straftat in Betracht kommt. Bloße Vermutungen reichen hierfür nicht aus. Tatsache war, dass der Daimler-Fahrer in einem räumlichen und zeitlichen Zusammenhang theoretisch in Betracht kam. Dass er zusätzlich noch als „Einbrecher" in den polizeilichen Dateien gespeichert war, lässt den Verdacht als möglich erscheinen. Dass aber die gespeicherten Informationen insgesamt mehr als zehn Jahre alt waren, hätten die Beamten über weitere Nachfragen in Erfahrung bringen können und dann erneut in ihre Bewertung des Tatverdachts miteinbeziehen müssen. Ein Irrtum, der vermeidbar gewesen wäre.

Die Durchsuchung diente der Auffindung von Beweismitteln (hier Schmuck und Bargeld). Aufgrund der Kürze der verstrichenen Zeit seit Tatbegehung eine zulässige Annahme.

Objekte der Durchsuchung waren der Daimler samt Inhalt (Koffer) sowie die Person, also der Daimler-Fahrer.

2.3 Rechtsfolge

Da es aufgrund von Fehlinterpretationen hinsichtlich der gewonnenen Informationen über den „Verdächtigen" schon am Tatverdacht mangelte, war auch die Vermutung, die Durchsuchung werde zur Auffindung von Beweismitteln führen, nicht an nachvollziehbaren Anhaltspunkten orientiert.

3. Formvorschriften

Gemäß § 107 StPO ist dem Verdächtigen vor der Durchsuchung der Grund und die Straftat, die ihm zur Last gelegt wird, bekanntzugeben. Dies wurde unterlassen. Hierbei handelt es sich um eine wesentliche Formvorschrift.

4. Ergebnis

Die Durchsuchung war unzulässig und damit rechtswidrig.

III. Vorläufige Festnahme

1. Vorprüfung

Siehe oben bei der Identitätsfeststellung.

2. Materielle Rechtmäßigkeit

2.1 Auswahl der Eingriffsermächtigung

Zweck der Maßnahme war eigentlich die Öffnung des Koffers, zu deren Durchsetzung die Festnahme dann erfolgte.

2.2 Voraussetzung der Eingriffsermächtigung

Als Eingriffsermächtigung kommt § 127 Abs. 2 i.V.m. § 112 StPO in Betracht. § 127 Abs. 1 StPO scheidet aus, da der Daimler-Fahrer weder auf frischer Tat betroffen noch verfolgt war.

Nach § 127 Abs. 2 StPO sind Staatsanwaltschaft und die Beamten des Polizeidienstes auch dann zur vorläufigen Festnahme befugt, wenn Gefahr im Verzug besteht und die Voraussetzungen für einen Haftbefehl vorliegen. Gefahr im Verzug besteht immer dann, wenn der durch die Einholung eines richterlichen Haftbefehls entstehende Zeitverlust befürchten ließe, dass die Festnahme des Beschuldigten nicht mehr möglich oder zumindest gefährdet wäre. Ob Gefahr im Verzug gegeben ist, entscheidet der anordnende Polizeibeamte nach pflichtgemäßem Ermessen.

Sicherlich war in der Kürze der Zeit eine richterliche Anordnung, sprich Haftbefehl, nicht einzuholen, was für das Vorliegen der Gefahr im Verzug spricht.

Weiterhin müssen die Voraussetzungen für das Vorliegen eines Haftbefehls erfüllt sein. Diese sind in § 112 Abs. 1 StPO aufgeführt. Danach muss gegen den Beschuldigten ein dringender Tatverdacht bestehen, ein Haftgrund muss vorliegen und die Untersuchungshaft darf nicht außer Verhältnis zu der Bedeutung der Sache und der zu erwartenden Strafe oder Maßregel der Besserung und Sicherung stehen.

Dringender Tatverdacht liegt vor, wenn nach dem gegenwärtigen Stand der Ermittlungen ein hoher Grad der Wahrscheinlichkeit besteht, dass der Beschuldigte Täter oder Teilnehmer einer Straftat ist. Die belastenden Tatsachen müssen die entlastenden bei weitem überwiegen. Die beiden Polizeibeamten sahen, wie der Daimler-Fahrer aus Richtung der Tatorte kam. Wegen den einschlägigen Einträgen in den polizeilichen Dateien konnten sie nicht ausschließen, dass er als Täter der Tageswohnungseinbrüche in Frage kam. Der Verdacht erhärtete sich, als sie für einen Einbruch geeignetes Werkzeug im Fahrzeug entdeckten und der Fahrer sich weigerte, das verschlossene zweite Fach im Koffer zu öffnen. Diese Annahmen und Schlussfolgerungen reichen jedoch nicht aus, um ihn mit sehr hoher Wahrscheinlichkeit als Täter anzusehen. Somit lag kein dringender Tatverdacht vor.

Auch ein Haftgrund müsste vorliegen. Haftgründe sind in § 112 Abs. 2 und 3 sowie in § 112a StPO aufgeführt. Hier kommt allein der Haftgrund Fluchtgefahr in Betracht. Fluchtgefahr liegt vor, wenn bei Würdigung der Umstände des Einzelfalles die Gefahr besteht, dass sich der Beschuldigte dem Strafverfahren entziehen werde.

Die Identität des Daimler-Fahrers war zweifelsfrei anhand seines Personalausweises und seiner Fahrzeugpapiere festgestellt. Er hatte einen festen Wohnsitz, ging einer geregelten Arbeit nach und auch sonst waren keine Umstände bekannt, die dafür sprachen, er wäre im Verlauf des Strafverfahrens für Strafverfolgungsbehörden und Gericht nicht greifbar.

Selbst dann, wenn ein begründeter Tatverdacht vorgelegen hätte und die Polizeibeamten berechtigterweise auf das Diebesgut in dem Kofferfach hätten schließen dürfen, wären nach dem Verhältnismäßigkeitsgrundsatz als milderes Mittel die Sicherstellung oder die Beschlagnahme des Koffers in Betracht gekommen, um an mögliche Beweismittel zu gelangen.

2.3 Adressat der Maßnahme

Wie bei der ID-Feststellung und der Durchsuchung schon festgestellt, war der Daimler-Fahrer nicht Verdächtigter und somit auch nicht der richtige Adressat der Maßnahme.

2.4 Rechtsfolge

Der Daimler-Fahrer hätte die Maßnahme nicht dulden müssen. Rechtstheoretisch hätte er ein Notwehrrecht gehabt.

3. Ergebnis

Die Freiheitsentziehung war rechtswidrig.

Anmerkung:

Der geschilderte Sachverhalt entstammt einem authentischen Fall, in dem der von den Maßnahmen betroffene Autofahrer Anzeige gegen die Polizeibeamten erstattet hatte. Die beiden Polizeibeamten wurden rechtskräftig wegen Körperverletzung und Freiheitsberaubung zu empfindlichen Geldstrafen verurteilt. Das Landgericht begründete die Verurteilung dahingehend, dass die angeklagten Polizeibeamten einen nicht bestehenden Rechtfertigungsgrund annahmen, weshalb sie im Verbotsirrtum (§ 17 StGB) handelten. Dieser sei jedoch für beide Angeklagten vermeidbar gewesen, weil sie aufgrund ihrer Ausbildung, ihrer Fähigkeiten und ihrer Kenntnisse hätten Anlass haben müssen, über die mögliche Rechtswidrigkeit ihres Handelns nachzudenken und auf diesem Weg zur Unrechtseinsicht gelangt wären.

Fall 19: Verhaftung nach Wohnungsdurchsuchung

Sachverhalt:

Am Mittwoch, dem 06.11.2019, um 20.30 Uhr, erhalten Sie über Funk den Auftrag, in die Königsberger Straße 35 zu fahren. Dort wohne eine Gertrud Weiß. Bei ihr halte sich der seit 08.08.2019 per Haftbefehl gesuchte Gerhard Storch auf. Dies sei durch einen Anruf eines namentlich bekannten Nachbarn der Gertrud Weiß bekannt geworden. Gegen den einschlägig vorbestraften Storch ermittelt der Bezirksdienst seit Monaten wegen fortgesetzten Betrugs und Wohnungseinbruchdiebstahls. Als Storch am 25.07.2019 in seiner Wohnung festgenommen werden sollte, gelang ihm die Flucht. Seit dieser Zeit ist er unbekannten Aufenthalts, weshalb wenige Tage nach seiner Flucht Haftbefehl durch die zuständige Staatsanwaltschaft beantragt und durch das zuständige Amtsgericht erlassen worden war.

Als die Streife dort mit zwei weiteren Besatzungen eintrifft und klingelt, öffnet eine weibliche Person, bei der es sich auf Nachfrage um die besagte Gertrud Weiß handelt. Nach Mitteilung des Grundes teilt Frau Weiß mit, dass Storch vor wenigen Minuten ihre Wohnung verlassen habe. In diesem Moment sind verdächtige Geräusche aus der Wohnung zu vernehmen. Sie betreten daraufhin die Wohnung, drängen die Wohnungsinhaberin zur Seite und können gerade noch verhindern, dass Gerhard Storch über das Balkongeländer auf den darunter befindlichen Balkon flüchtet. Sie erklären ihm daraufhin, dass er verhaftet sei und fesseln ihn. Nach erfolgter Durchsuchung wird er zur Dienststelle verbracht.

Aufgabe:

Erläutern und begründen Sie sachverhaltsbezogen die Rechtmäßigkeit der Wohnungsdurchsuchung bei Gertrud Weiß.

Lösungsvorschlag:

1. Vorprüfung

Voraussetzung für ein strafprozessuales Einschreiten ist ein Anfangsverdacht, d.h. es müssen hinreichende, tatsächliche Anhaltspunkte für eine verfolgbare Straftat vorliegen. Der Streife ist bekannt, dass Gerhard Storch wegen Wohnungseinbruchdiebstahl und fortgesetzten Betrugs mit Haftbefehl gesucht wird. Hinsichtlich seines momentanen Aufenthaltsortes liegen hinreichende, tatsächliche Anhaltspunkte vor, nämlich Aussagen eines namentlich bekannten Zeugen. Die Beamten sind deshalb verpflichtet, strafverfolgend tätig zu werden, um den Haftbefehl zu vollstrecken.

2. Materielle Rechtmäßigkeit

2.1 Auswahl der Eingriffsermächtigung

Zweck der Maßnahme ist die Verhaftung des gesuchten Gerhard Storch. Die Eingriffsermächtigung ergibt sich aus § 114 i.V.m. § 103 StPO.

2.2 Tatbestandsvoraussetzungen

Voraussetzung für die Verhaftung des Storch ist das Ergreifen. Storch befindet sich in einer Wohnung einer zum Zeitpunkt des Betretens unverdächtigen Person. Deshalb könnte § 103 StPO einschlägig sein, was die Durchsuchung zum Zweck des Ergreifens bzw. der Verhaftung des Beschuldigten betrifft.

Allerdings stellt sich hier die Frage, ob bei Vorliegen eines richterlichen Haftbefehls Maßnahmen, die erforderlich sind, um diesen zu vollstrecken, explizit zu prüfen und notfalls angeordnet werden müssen.

Dem Richter, der den Haftbefehl wegen Flucht (§ 112 Abs. 2 Nr. 1 StPO) angeordnet hat, war durchaus bewusst, dass weitere strafprozessuale Maßnahmen ergriffen werden müssen, um den Gesuchten zu ergreifen. Es erscheint unlogisch, eine Wohnungsdurchsuchung richterlich anordnen zu lassen in Kenntnis dessen, dass sich in der Wohnung ein mit richterlichem Haftbefehl gesuchter Beschuldigter befindet, der sofort ohne weitere rechtliche Prüfung verhaftet werden kann. Das bedeutet, dass sog. Vorbereitungsmaßnahmen zur Vollstreckung des Haftbefehls in der Anordnung der Untersuchungshaft inbegriffen sind. Andererseits liegen die Tatbestandsvoraussetzungen des § 103 Abs. 1 S. 1 StPO ja durchaus vor, lediglich die Anordnung gemäß § 105 Abs. 1 StPO kann entfallen, da der Richter ja die Freiheitsentziehung bereits angeordnet hat.

2.3 Adressat der Maßnahme/Rechtsfolge

Die unverdächtige Gertrud Weiß ist richtiger Adressat der Maßnahme als Wohnungsinhaberin. Sie muss die Durchsuchung dulden.

2.4 Verhältnismäßigkeit

Die Maßnahme, hier die Wohnungsdurchsuchung, muss im engeren Sinne verhältnismäßig sein, was so viel bedeutet, dass der Grundrechtseingriff (Art. 13 GG) zur Bedeutung der Sache, hier die Ergreifung eines gesuchten Straftäters, nicht außer Verhältnis stehen darf. Hier hat bereits ein Richter unter strenger Beachtung der Verhältnismäßigkeit die Entziehung der Freiheit des Beschuldigten Storch angeordnet. Dies stellt einen durchaus schwerwiegenderen Grundrechtseingriff (Freiheit) als der Eingriff in die Unverletzlichkeit der Wohnung dar. Im Übrigen hat der Richter dies in Kenntnis angeordnet, dass weitere Maßnahmen (Grundrechtseingriffe) erforderlich sein könnten, auch in Grundrechte Unbeteiligter, um den Gesuchten zu verhaften. Das Betreten und Ergreifen des Beschuldigten Storch in der Wohnung der Unverdächtigen Weiß steht daher nicht außer Verhältnis zur Bedeutung der Sache.

3. Formelle Rechtmäßigkeit

3.1 Anordnungskompetenz

Zur Anordnung und Durchführung einer Verhaftung gemäß § 114 StPO ist jeder Polizeibeamte befugt.

4. Form- und Fristbestimmungen

4.1 Belehrung

Die Bestimmungen der §§ 114a bis 114c StPO sind zu beachten.

5. Ergebnis

Die Wohnungsdurchsuchung zur Ergreifung (Verhaftung) war rechtmäßig.

Fall 20: Einbrecher in Haft – Wichtigste Maßnahmen

Sachverhalt (Pressebericht vom 08.11.2019):

Einer aufmerksamen Anwohnerin ist es zu verdanken, dass die Polizei in der Nacht von Sonntag auf Montag in Ludwigsburg zwei Einbrecher dingfest machen konnte. Weil sie in der Nacht von Samstag auf Sonntag in der Kornwestheimer Jakobstraße Geräusche wahrnahm und davon ausging, dass gerade jemand versuchte, in ihren Keller einzubrechen, verständigte sie die Polizei und beschrieb zudem zwei Männer, die sich kurz darauf vom Gebäude entfernten. Im Zuge einer polizeilichen Fahndung wurden die beiden in der Bahnhofstraße angetroffen, wobei sie auffällig viel Münzgeld bei sich hatten und angaben, derzeit in einem Hotelzimmer in Ludwigsburg zu logieren. Da sich der vermutete Kellereinbruch in der Zwischenzeit nicht bestätigt hatte, wurden die beiden 19 und 22 Jahre alten Männer bosnisch-herzegowinischer Herkunft zunächst wieder auf freien Fuß gesetzt. Als aber am Sonntagmorgen der Besitzer eines Kornwestheimer Wettbüros einen Einbruch bei der Polizei meldete, wurden die in der Nacht kontrollierten Männer damit in Zusammenhang gebracht, da sich das Büro im gleichen Gebäude befindet, in dem zunächst der Kellereinbruch vermutet wurde. Die Täter waren durch ein zuvor aufgehebeltes Fenster in die Räumlichkeiten eingestiegen und hatten ein Notebook im Wert von etwa 600 Euro sowie eine größere Menge Münzgeld mitgehen lassen. Bei einer auf richterliche Anordnung vorgenommenen Durchsuchung ihres Hotelzimmers wurden die beiden Verdächtigen in der Nacht zum Montag schließlich festgenommen. Die Polizei fand dort nicht nur die aus dem Wettbüro stammende Beute, sondern ein weiteres Notebook und Schmuck, der bei einem am Samstagnachmittag in Alten Oßweiler Weg verübten Wohnungseinbruch erbeutet worden war. Nach Aufhebeln einer Terrassentür hatten die Einbrecher Diebesgut im Wert von mehreren tausend Euro entwendet. Im Rahmen ihrer polizeilichen Vernehmung zeigte der 22-Jährige sich geständig, während der Jüngere seine Tatbeteiligung bestritt. Die beiden wurden am Dienstag auf Antrag der Staatsanwaltschaft Stuttgart einem Haftrichter vorgeführt, der Haftbefehl erließ.

Aufgaben:

Erläutern und begründen Sie nach den Bestimmungen der StPO

a) die Identitätsfeststellung in der Bahnhofstraße aufgrund des Anrufs und der Mitteilung der Anruferin

b) die richterlich angeordnete Durchsuchung des Hotelzimmers
c) die vorläufige Festnahme nach dem Auffinden des Münzgelds und des Notebooks aus dem Wettbüro
d) die Beschlagnahme des Notebooks und des Schmucks, der beim Wohnungseinbruchdiebstahl im Alten Oßweiler Weg stammt.

Lösungsvorschlag:

Hinweis: Es wird davon ausgegangen, dass die Streifenbesatzung PM H. und PK M. die im Sachverhalt erwähnten Maßnahmen durchführten.

a) Identitätsfeststellung der beiden Männer

1. Vorprüfung

Nach § 152 Abs. 2 StPO liegen zureichende tatsächliche Anhaltspunkte für eine Straftat vor.

Ein Anfangsverdacht ist begründbar, denn die Anruferin beschreibt glaubhaft einen vermuteten Kellereinbruch und dass sich zwei Männer vom Gebäude entfernen. Da sich das Ganze nachts ereignet, liegen konkrete Anhaltspunkte für einen besonders schweren Fall des Diebstahls vor.

Die Beamten sind nach § 163 StPO aufgrund des Legalitätsprinzips verpflichtet, strafverfolgend tätig zu werden.

2. Materielle Rechtmäßigkeit

§ 163b Abs. 1 StPO ist Rechtsgrundlage zur ID-Feststellung beim Verdächtigen. Die beiden Verdächtigen kommen für die Verübung einer Straftat (hier §§ 242, 243 StGB) in Frage, da sie sich räumlich und zeitlich unmittelbar neben dem Gebäude aufhalten, in dem der Kellereinbruch stattgefunden haben soll. Somit sind beide richtige Adressaten.

Die Polizei kann nun die „erforderlichen Maßnahmen“ zur Identitätsfeststellung treffen.

Die Streife wird die bosnisch-herzegowinischen Reisepässe der beiden Männer verlangt haben, sodann die Personaldaten notiert und nach der Wohnadresse gefragt haben (Aushändigenlassen der Reisepässe, Erfragen von weiteren Identitätsmerkmalen).

Für die Dauer dieser Maßnahme dürfen die beiden Männer angehalten werden.

Ein Festhalten war nicht erforderlich, da sich beide legitimieren, also in ausreichender Hinsicht ausweisen konnten.

Rechtsfolge

Die Bosnier mussten die polizeilich getroffenen Maßnahmen im Rahmen des § 163b Abs. 1 StPO dulden.

Verhältnismäßigkeit

Der GR-Eingriff in das Recht auf informationelle Selbstbestimmung wiegt nicht so schwer wie die gebotene strafprozessuale Aufklärung eines mittleren Vergehens, hier des Einbruchs.

3. Formelle Rechtmäßigkeit

Nach § 163b Abs. 1 StPO ist jeder Polizeibeamte zur Anordnung und Durchführung der IdF berechtigt, also auch die beiden Streifenbeamten PM H. und PK M.

4. Form- und Fristbestimmungen

§ 163b Abs. 1 StPO verlangt als wesentliche Förmlichkeit, vor der IdF den Vorhalt des Grundes (Tatvorhalt) gegenüber den Verdächtigen bekannt zu geben. Es wird davon ausgegangen, dass die Polizeibeamten diesen Tatvorhalt gemacht haben.

§ 163c Abs. 1 StPO besagt:
Eine von einer Maßnahme nach § 163b betroffene Person darf in keinem Fall länger als zur Feststellung ihrer Identität unerlässlich festgehalten werden.

Wie dem Sachverhalt zu entnehmen ist, wurden die beiden Bosnier nach Feststellung der Personalien und deren Überprüfung im pol. Informationssystem wieder auf freien Fuß gesetzt.

5. Ergebnis

Die Identitätsfeststellung war rechtmäßig.

b) Richterlich angeordnete Durchsuchung des Hotelzimmers

1. Vorprüfung

Ein einfacher Anfangsverdacht für eine Straftat (Einbruch in das Wettbüro) nach § 152 Abs. 2 StPO liegt vor (Anfangsverdacht = Vorliegen konkreter Tatsachen, die es möglich erscheinen lassen, dass eine verfolgbare Straftat vorliegt).

Die Polizeibeamten sind somit verpflichtet, dem Legalitätsprinzip nach § 163 StPO nachzukommen und strafverfolgend tätig zu werden. Alle weiteren Maßnahmen richten sich nach der StPO.

2. Materielle Rechtmäßigkeit

Als Eingriffsermächtigung ist § 102 StPO heranzuziehen.

Diese Bestimmung lässt eine Durchsuchung der Wohnung und anderer Räume des Verdächtigen zu dessen Ergreifung oder zur Auffindung von u.a. Beweismitteln zu. Verdächtiger ist, wer für die Begehung einer Straftat in Frage kommt.

Es bestehen zureichende tatsächliche Anhaltspunkte für den Einbruch in das Wettbüro durch den Aufenthalt der beiden Männer exakt vor dem Gebäude, in dem sich das Einbruchsobjekt befindet, und aufgrund der Tatsache, dass die beiden Bosnier auffällig viel Münzgeld bei der IdF bei sich geführt haben.

Durchsuchungsobjekt ist die im Gesetz genannte „Wohnung“. Die derzeitige Wohnung der beiden Bosnier ist das Hotelzimmer. Es ist nicht allgemein zugänglich; die beiden Bosnier entwickeln dort Privatsphäre, auch wenn das Hotelzimmer nicht als ihr räumlicher Lebensmittelpunkt anzusehen ist. Dennoch fällt es unter den Begriff „Wohnung“, da es auf die Dauer der Nutzung nicht ankommt.

Durchsuchungszweck ist sowohl das Ergreifen der Verdächtigen im Hotelzimmer als auch das Auffinden von Beweismitteln aus der (Anlass)-Tat, auch Ausgangstatvorwurf genannt, d.h. aus dem Einbruch in das Wettbüro in Kornwestheim.

Nach § 102 StPO reicht hierfür bereits eine Auffindungsvermutung aus. Diese ergibt sich aus dem zeitlich-räumlich erfolgten Aufenthalt der beiden Männer zur Nachtzeit just an dem Gebäude, in dem sich das heimgesuchte Wettbüro befindet, sowie der Tatsache, dass sie im Besitz von einer auffallend großen Menge Münzgeld waren, als man sie wegen des Verdachts eines Kellereinbruchs kontrolliert hatte.

Aufgrund kriminalistischer Erfahrung liegt es nicht fern, dass die beiden Verdächtigen Diebesgut aus dem Einbruch und evtl. Aufbruchwerkzeug in ihrem Hotelzimmer aufbewahren. Hinsichtlich des Ergreifens der beiden in deren Hotelzimmer liegt es sogar sehr nahe, dass sie sich dort (schlafend) aufhalten. Es besteht also hinsichtlich der Ergreifung der Personen sowie der Sicherstellung möglicher Beweismittel eine sehr ausgeprägte Auffindungsvermutung.

§ 104 Abs. 1 StPO regelt die Durchsuchung der Wohnung zur Nachtzeit. Diese Bestimmung ist hier ggfs. zu beachten, sofern die Durchsuchung zur Nachtzeit (§ 104 Abs. 3 StPO definiert selbige) erfolgt sein sollte. Insoweit wird aus dem Sachverhalt nicht deutlich, ob mit der Durchsuchung in der Nacht von Sonntag auf Montag vor 21 Uhr begonnen wurde. Sollte nach 21 Uhr mit der Durchsuchung des Hotelzimmers begonnen worden sein, muss die Gefahr im Verzug für die sofort vollzogene Durchsuchung begründet werden, d. h., es müssen triftige Gründe vorliegen, warum die Beamten dann nicht bis zum Ende der Nachtzeit (hier: 04.00 Uhr) zugewartet hatten.

Die G. i. V. lässt sich stichhaltig damit begründen, dass der Polizei nicht bekannt ist, wann die Bosnier vorhaben, aus dem Hotel abzureisen, sodass „jede Minute zählt".

Rechtsfolge

Die Durchsuchung des bewohnten Hotelzimmers nach Beweismitteln sowie nach ihnen selbst müssen die beiden tatverdächtigen Zimmerinhaber hinnehmen.

Verhältnismäßigkeit

Die Durchsuchung bei den Verdächtigen war auch im engeren Sinne verhältnismäßig. Sie stand im Verhältnis zur Schwere der Tat (bedeutendes Vergehen) und zur Stärke des Tatverdachts. (Das GR der beiden Bosnier nach Art. 13 GG wiegt nicht so schwer wie der Strafverfolgungsanspruch des Staates bei diesem erheblichen Vergehen.)

3. Formelle Rechtmäßigkeit

Nach § 105 Abs. 1 StPO obliegt die Anordnung einer Durchsuchung dem Richter, bei Gefahr im Verzug der Staatsanwaltschaft und ihren Ermittlungspersonen (Richtervorbehalt).

Dem (vorrangigen) Richtervorbehalt ist hier nachgekommen worden, denn der Ermittlungsrichter ordnete die Durchsuchung des Hotelzimmers an.

4. Form- und Fristbestimmungen

Hinzuziehung von Zeugen

Nach § 105 Abs. 2 StPO sind, wenn möglich, ein Gemeindebeamter oder zwei Einwohner der Gemeinde als Zeuge zur Wohnungsdurchsuchung hinzuzuziehen. Dem Sachverhalt kann diesbezüglich nichts entnommen werden. Es wird davon ausgegangen, dass die Streife diesem Erfordernis nachkam und evtl. den Portier hinzugezogen hat.

Anwesenheitsrecht des Wohnungsinhabers

§ 106 Abs. 2 StPO gestattet dem Wohnungsinhaber die Anwesenheit während der Wohnungsdurchsuchung. Dieses Recht dürfte den beiden bosnischen Hotelzimmerinhabern eingeräumt worden sein.

5. Ergebnis

Die Durchsuchung des Hotelzimmers der beiden bosnisch-herzegowinischen Verdächtigen erfolgte rechtmäßig.

c) Vorläufige Festnahme nach Auffinden des Münzgelds/Notebooks

1. Vorprüfung

Gemäß § 152 Abs. 2 StPO ist der Anfangsverdacht verfolgbarer Straftaten hier gegeben, da zureichende tatsächliche Anhaltspunkte, nämlich die Anzeige des Besitzers des Wettbüros, für das Vorliegen eines Einbruchs sprechen.

Somit haben die Polizeibeamten gemäß § 163 StPO strafverfolgend tätig zu werden und alle erforderlichen Maßnahmen zu treffen, um die Verdunkelung der Sache zu verhüten. Durch die Festnahme greifen die Beamten in die Grundrechte der beiden Männer ein. Hierfür ist ein förmliches Gesetz erforderlich. Die StPO ist ein solches Gesetz.

2. Materielle Rechtmäßigkeit

Als Eingriffsermächtigung kommt hier § 127 Abs. 2 i. V. m. § 112 StPO in Betracht. (§ 127 Abs. 1 StPO kommt hier überhaupt nicht mehr in Betracht – denn seit der Tat sind nahezu 24 Stunden vergangen.) Voraussetzung, um jemanden nach § 127 Abs. 2 StPO vorläufig festnehmen zu können, ist das Vorliegen von Gefahr im Verzug (eine TBV, die sich aus § 127 Abs. 2 StPO ergibt) und des Weiteren das Vorliegen der Voraussetzungen eines Haft- oder Unterbringungsbefehls. Gefahr im Verzug liegt zweifelsfrei vor, da das Abwarten eines richterlichen Haftbefehls den beiden Männern die Möglichkeit zur Flucht und dem unerkannten Untertauchen bieten würde.

Aufgrund der in § 127 Abs. 2 StPO normierten Verknüpfung müssen PM H. und PK M. nun prüfen, ob die Voraussetzungen für einen Haftbefehl nach § 112 Abs. 1 StPO (dringender Tatverdacht; Haftgrund; VHM) vorliegen.

Die beiden Männer sind dringend tatverdächtig. Es besteht nach dem derzeitigen Stand der Ermittlungen ein hoher Grad an Wahrscheinlichkeit, dass die beiden als Täter einer verfolgbaren Straftat in Betracht kommen.* Beide wurden nachts im Bereich des Tatorts, dem Wettbüro in Kornwestheim, angetroffen. Sie waren im Besitz einer auffällig hohen Menge an Münzgeld. Die Beweismittel aus der Durchsuchung stammen genau aus dem Einbruch in das Wettbüro und aus einem am Vortag verübten weiteren (Wohnungs)Einbruch. Somit liegt sogar ein sehr hoher Grad der Wahrscheinlichkeit vor, dass die beiden Täter oder Teilnehmer dieser Taten waren.

Es liegt der Haftgrund der Fluchtgefahr nach § 112 Abs. 2 Nr. 2 StPO vor. Dies bedeutet, dass bei Würdigung der Umstände des Einzelfalles die Gefahr besteht, dass beide sich dem Strafverfahren durch Flucht entziehen könnten, wenn sie nicht in U-Haft genommen werden. Die beiden Männer sind bosnisch-herzegowinische Staatsangehörige und somit Ausländer, die innerhalb Deutschlands über keine festen familiären Bindungen verfügen.

Sie haben, da sie nur im Hotel logieren, keinen festen Wohnsitz im Geltungsbereich der StPO. Zudem haben beide eine empfindliche Freiheitsstrafe zu erwarten. Somit spricht vieles dafür, dass sie sich dem Strafverfahren in Deutschland nicht stellen werden. Die Anordnung der U-Haft ist verhältnismäßig, da ohne die Anwesenheit der beiden Tatverdächtigen das

* Dringender Tatverdacht liegt vor, wenn (momentan = „dynamischer Tatverdacht“) eine hohe Wahrscheinlichkeit besteht, dass der Beschuldigte Täter oder Teilnehmer einer verfolgbaren Straftat ist.

Strafverfahren nicht durchgeführt werden kann. In Anbetracht der erheblichen Vergehen ist die Untersuchungshaft keinesfalls unverhältnismäßig.

Rechtsfolge

Die beiden bosnischen Staatsangehörigen müssen die Festnahme dulden.

Verhältnismäßigkeit

Die vorläufige Festnahme ist auch im engeren Sinne verhältnismäßig. Bei diesen erheblichen Straftaten wiegt das Grundrecht Freiheit der Person bei den beiden Bosniern nicht so schwer wie der staatliche Anspruch auf Verfolgung der gewichtigen Straftaten.

3. Formelle Rechtmäßigkeit

Alle Polizeibeamten können eine Festnahme nach § 127 Abs. 2 StPO anordnen und durchführen. Die beiden Polizeibeamten waren somit zur Anordnung befugt.

4. Form- und Fristbestimmungen

Gemäß § 128 Abs. 1 StPO sind die beiden Bosnier unverzüglich, spätestens aber am Tage nach der Festnahme, also am Dienstag, dem zuständigen Haftrichter vorzuführen, was mit der Vorführung am Dienstag erfüllt wurde. Auch wenn der SV hierzu keinerlei Angaben enthält, kann davon ausgegangen werden, dass die Belehrungspflichten gem. §§ 114b, 114c StPO beachtet wurden.

Nach § 128 Abs. 2 StPO ist ein staatsanwaltschaftlicher Antrag auf Erlass eines Haftbefehls vor der Vorführung einzuholen.

5. Ergebnis

Die vorläufige Festnahme nach § 127 Abs. 2 StPO war somit rechtmäßig.

d) Beschlagnahme des Notebooks und des Schmucks

1. Vorprüfung

Gemäß § 152 Abs. 2 StPO ist der Anfangsverdacht verfolgbarer Straftaten hier gegeben, da zureichende tatsächliche Anhaltspunkte, nämlich der Einbruch im Alten Oßweiler Weg, vorliegen. Somit haben die Polizeibeamten gemäß § 163 StPO strafverfolgend tätig zu werden und alle erforderlichen Maßnahmen zu treffen, um die Verdunkelung der Sache zu verhüten.

2. Materielle Rechtmäßigkeit

Als Eingriffsermächtigung kommen hier §§ 94 ff. StPO in Betracht. Diese Bestimmung erlaubt die Beschlagnahme von Beweismitteln. Beweismittel sind alle Gegenstände, die unmittelbar oder mittelbar für den o.g. Wohnungseinbruchdiebstahl/Einbrüche oder die Umstände seiner Begehung Beweis erbringen können. Bei den bei der Durchsuchung des Hotelzimmers aufgefundenen Gegenständen handelt es sich um Diebesgut, das aus dem Wohnungseinbruch aus dem Alten Oßweiler Weg stammt. Die geforderte potenzielle Beweisbedeutung für das Strafverfahren ist somit gegeben.

Gemäß § 94 Abs. 1 StPO sind diese Beweismittel in Verwahrung zu nehmen (bedeutet eine verpflichtende Einbehaltung möglicher Beweismittel!). Da sie sich im Besitz der beiden Männer befinden und diese sie vermutlich nicht freiwillig herausgeben, sind sie förmlich sicherzustellen, also gemäß § 94 Abs. 2 StPO zu beschlagnahmen.

Beschlagnahme ist die förmliche Bemächtigung eines Gegenstands durch ein Strafverfolgungsorgan zum Zwecke des Strafverfahrens.

Rechtsfolge

Die beiden Beschuldigten müssen die Wegnahme des Notebooks sowie des Schmucks hinnehmen.

3. Formelle Rechtmäßigkeit

Gemäß § 98 Abs. 1 S. 1 StPO darf eine Beschlagnahme grundsätzlich nur von einem Richter angeordnet werden, bei G. i.V. auch durch die StA und ihre Ermittlungspersonen.

Im vorliegenden Fall hat der Richter bereits die Wohnungsdurchsuchung (Hotelzimmer) bei den beiden Bosniern angeordnet zur Ergreifung der Verdächtigen und Auffindung von evtl. weiteren Beweismitteln aus dem Einbruch in das Wettbüro in Kornwestheim.

Somit wurde zwar die Beschlagnahme der bei der Durchsuchung aufgefundenen Gegenstände **der Anlasstat** (Einbruch in das Kornwestheimer Wettbüro) mitangeordnet, sodass (streng genommen) sich diese richterliche Anordnung **nicht** auf die Beschlagnahme der zufällig gefundenen Beweismittel **aus einer weiteren Straftat** (hier des Wohnungseinbruchs) erstreckt!

Hier kommt dann **§ 108 StPO (Zufallsfunde)*** zur Anwendung.

Dieser besagt in Absatz 1:
„Werden bei Gelegenheit einer Durchsuchung Gegenstände gefunden, die zwar in keiner Beziehung zu der Untersuchung stehen, aber auf die Verübung einer anderen Straftat hindeuten, so sind sie einstweilen in Beschlag zu nehmen. Der Staatsanwaltschaft ist hiervon Kenntnis zu geben."

So verhält es sich im Sachverhalt. Das Notebook und der Schmuck sind sogenannte **Zufallsfunde**, die mit dem Ausgangstatvorwurf (Einbruch in das Wettbüro) nichts zu tun haben. § 108 Abs. 1 StPO verpflichtet die Polizei, auch diese Beweismittel in Beschlag zu nehmen. (… „so sind" …). Hinsichtlich der Anordnung der Beschlagnahme für die Zufallsfunde (Notebook und Schmuck) ist **jeder** Polizeibeamte anordnungsbefugt, so auch PM H. und PK M.

4. Form- und Fristbestimmungen

Falls die beiden Tatverdächtigen Widerspruch (Protest) gegen die Beschlagnahme erheben, sind diese gemäß § 98 Abs. 2 S. 5 i. V. m. § 98 Abs. 2 S. 2 StPO über das Recht, jederzeit eine richterliche Entscheidung über die Beschlagnahme beantragen zu können, zu belehren. Auch wenn der SV hierzu

---

* Der Durchsuchungsbeschluss mit der genauen Bezeichnung eines Beweismittels darf nicht dahingehend „erweitert" werden, dass „pauschal" nach anderen potenziellen Beweismitteln gezielt gesucht wird. Erstreckt sich z. B. die Durchsuchungsanordnung *konkret* auf einen Superplasmabildschirm als Beweismittel, verbietet sich die allgemeine Suche z. B. in Schubladen, Sideboard etc., um dort andere *tatbezogene Zufallsfunde* wie z. B. Handys zu finden. Ein Bildschirm wird niemals in einer Schublade zu finden sein. Die Eingrenzung der richterlichen Durchsuchungsanordnung darf nicht unterlaufen werden (LG Kiel vom 25.04.2016, 7 Qs 24/16, StV 2017, 22, bzw. Löwe-Rosenberg, StPO, S. 886 ff.; siehe hierzu auch BVerfG vom 20.09.2018, NJW 2018, 3571).

keinerlei Angaben enthält, so kann dennoch davon ausgegangen werden, dass diese Förmlichkeit von der Streife beachtet wurde.

Nach § 107 S. 2 StPO ist den beiden Tatverdächtigen auf Verlangen ein Beweismittelverzeichnis, in dem die beschlagnahmten Gegenstände detailliert aufgeführt sind, auszuhändigen. Darüber hinaus sind nach § 109 StPO die o. g. Gegenstände in geeigneter Weise kenntlich zu machen und amtlich zu verzeichnen. Es wird davon ausgegangen, dass die Streife auch diese Ordnungsvorschrift beachtet hat.

Nach § 108 Abs. 1 S. 2 StPO ist die StA über den Zufallsfund und die zusätzliche Straftat in Kenntnis zu setzen.

(Nach § 111n StPO ist das Diebesgut an die rechtmäßigen Eigentümer zurückzugeben, wenn dieses für das Strafverfahren nicht mehr benötigt wird. Dies dürfte nach erfolgter Spurensicherung der Fall sein.)

5. Ergebnis

Somit war die Beschlagnahme des Notebooks und des Schmucks als Beweismittel rechtmäßig.

G. Fall zur Sicherheitsleistung (§ 132 StPO)

Fall 21: Verkehrsunfall

Sachverhalt:

PHK A und POMin B sind Beamte der Autobahnpolizei Stuttgart. Am 23.09.2019 um 21.30 Uhr werden die beiden zu einem Verkehrsunfall auf der A 81 in Höhe Gärtringen gerufen und mit der Unfallaufnahme beauftragt.

Ein slowenischer Lkw war auf einen am Stauende stehenden Pkw aufgefahren und hatte diesen auf den davor stehenden Lkw aufgeschoben. Die Insassen des Pkw, ein Ehepaar aus Stuttgart, wurden eingeklemmt und konnten erst später von der Feuerwehr verletzt geborgen werden. Der entstandene Sachschaden beträgt ca. 75.000 €.

Die Ermittlungen ergaben, dass der Fahrer des slowenischen Lkw zum Unfallzeitpunkt bereits 10 Stunden ununterbrochen am Steuer gesessen hatte. Zeugenaussagen zufolge fuhr der Lkw nahezu ungebremst auf den Pkw auf. Erst ca. 15 m vor dem Zusammenstoß sind Blockierspuren auf der Fahrbahn zu erkennen.

Bei dem Fahrer des slowenischen Lkw handelt es sich laut Ausweispapieren um den 24-jährigen Zoltan Bojic, slowenischer Staatsangehöriger, wohnhaft Ljubljana, Slowenien.

PHK A ordnet bei Bojic eine Sicherheitsleistung in Höhe von 3.500 € an, die dieser nicht leisten will. Daraufhin durchsucht PHK A das Führerhaus des Lkw und findet eine Geldmappe mit 5.000 €, die dem Beschuldigten gehören, wovon PHK A die von ihm angeordnete Summe beschlagnahmt.

Aufgabe:

Prüfen und begründen Sie die Rechtmäßigkeit der angeordneten Sicherheitsleistung sowie die Beschlagnahme der angeordneten Summe!

Lösungsvorschlag:

1. Vorprüfung

Ein Anfangsverdacht liegt vor, wenn es aufgrund konkreter Tatsachen nach kriminalistischer Erfahrung als möglich erscheint, dass eine verfolgbare Straftat begangen wurde. Bloße Vermutungen reichen hierzu nicht aus. Bojic hat einen Verkehrsunfall verursacht. Es bestehen zureichende tatsächliche Anhaltspunkte nach § 152 Abs. 2 StPO, dass er eine fahrlässige Körperverletzung nach §§ 223, 230 StGB begangen hat.

Die Beamten verfolgen die Straftat nach § 163 StPO (Legalitätsprinzip).

2. Materielle Rechtmäßigkeit

2.1 Auswahl der Eingriffsermächtigung

Die Sicherheitsleistung und die Beschlagnahme des Geldbetrages finden nach § 132 StPO statt.

2.2 Voraussetzungen der Eingriffsermächtigung

2.2.1 Zweck/Tatbestandsvoraussetzungen

§ 132 StPO regelt die Sicherheitsleistung und die Beschlagnahme für den Fall der Weigerung oder Zahlungsunfähigkeit.

Zweck der Maßnahme ist die Durchsetzung des staatlichen Strafanspruchs.

Bojic muss dringend verdächtig sein. Das heißt, dass aufgrund des gegenwärtigen Ermittlungsstandes ein hoher Grad an Wahrscheinlichkeit gegeben sein muss, dass er Täter oder Teilnehmer einer Straftat ist. Die Unfallaufnahme hat ergeben, dass Bojic durch sein fahrlässiges und pflichtwidriges Verhalten den Verkehrsunfall verursacht hat und wegen fahrlässiger Körperverletzung, Gefährdung des Straßenverkehrs sowie verschiedener Ordnungswidrigkeiten angezeigt wird. Die Beweislage ist eindeutig: Zeugenaussagen, Fahrtenschreiber sowie Blockierspuren.

Bojic ist slowenischer Staatsbürger und hat keinen Wohnsitz oder Aufenthalt im Geltungsbereich der StPO, wie in § 132 Abs. 1 StPO gefordert. Des Weiteren dürfen die Voraussetzungen eines Haftbefehls nicht vorliegen.

Bojic muss mit einer Geldstrafe, nicht mit einer Freiheitsstrafe, rechnen. Unter diesen Voraussetzungen ist es zulässig, aber auch erforderlich, für die

Sicherung der Durchführung des Strafverfahrens eine angemessene Sicherheit für die zu erwartende Geldstrafe und die Kosten des Verfahrens durch den Beschuldigten leisten zu lassen.

2.2.2 Adressat der Maßnahme

Bojic ist Beschuldigter, da konkret gegen ihn das Strafverfahren gerichtet ist. Er ist somit der richtige Adressat der Maßnahme.

2.3 Rechtsfolge

Bojic muss die Durchsuchung und die Beschlagnahme des Geldbetrages dulden.

2.4 Verhältnismäßigkeit

Die Sicherheitsleistung war erforderlich, da ohne sie das Strafverfahren nicht ordnungsgemäß durchgeführt werden kann.

Sie war ferner notwendig, da nur so die angemessene Verurteilung, z. B. mit Strafbefehl und Vollstreckung, möglich wird.

Sie war geeignet, da sich so der Beschuldigte nicht dem Strafverfahren entziehen kann.

Sie war auch verhältnismäßig. Stellt man den erfolgten (gewichtigen) Grundrechtseingriff dem erstrebten strafprozessualen Zweck gegenüber (Sicherung des Strafverfahrens), war die Maßnahme angemessen.

Ein milderes Mittel wäre hier nicht in Betracht gekommen, ohne den Zweck zu gefährden.

Sollte die Geldstrafe niedriger ausfallen, bekommt der Beschuldigte den Restbetrag zurück.

Gem. § 132 Abs. 3 StPO können Beförderungsmittel und andere Sachen, die der Beschuldigte mit sich führt und die ihm gehören, beschlagnahmt werden, wobei die Bestimmungen der §§ 94, 98 StPO entsprechend zur Anwendung kommen.

Einer gesonderten Prüfung der Durchsuchung des Lkw gem. § 102 StPO bedarf es nicht, da die zulässige Beschlagnahme der o. g. Gegenstände die Suche danach einschließt.

3. Formelle Rechtmäßigkeit

3.1 Anordnungskompetenz

Die Anordnung steht unter Richtervorbehalt, jedoch sind Staatsanwaltschaft und ihre Ermittlungspersonen bei Gefahr im Verzug dazu befugt.

Hier liegt Gefahr im Verzug vor, da der Zeitverlust, der durch die Einholung einer richterlichen Anordnung über die zuständige Staatsanwaltschaft entstehen würde, den Zweck der Maßnahme gefährden würde. Zum Zeitpunkt der Anordnung ist es nach 22.00 Uhr, der Beschuldigte, der nicht festgenommen ist, könnte die Zeitspanne nutzen, um mit seinen Habseligkeiten zu verschwinden, vor allem, wenn er mitbekommt, dass er „zur Kasse" gebeten werden soll.

4. Form- und Fristvorschriften

4.1 Richterliche Bestätigung

Analog § 98 Abs. 2 StPO ist die Anordnung innerhalb von drei Tagen richterlich bestätigen zu lassen.

4.2 Belehrung

Der Beschuldigte ist darauf hinzuweisen, dass er eine im Bezirk des zuständigen Gerichts wohnende Person zum Empfang von Zustellungen bevollmächtigen muss (Zustellungsbevollmächtigter), vgl. § 132 Abs. 1 Nr. 2 StPO.

5. Ergebnis

Die angeordnete Sicherheitsleistung und Beschlagnahme waren rechtmäßig.

Anlagen

Anlage 1: Strafprozessuales Klausurschema

1. Vorprüfung*
2. Materielle Rechtmäßigkeit
2.1 Auswahl der Eingriffsermächtigung
2.2 Voraussetzungen der Eingriffsermächtigung
2.2.1 Zweck/Tatbestandsvoraussetzungen
2.2.2 Adressat der Maßnahme
2.3 Rechtsfolge
2.4 Verhältnismäßigkeit
3. Formelle Rechtmäßigkeit
3.1 Anordnungskompetenz
4. Form- und Fristbestimmungen
5. Ergebnis

* Bei Gemengelagen (Strafverfolgung und Gefahrenabwehr) ist eine Dominanzentscheidung zu treffen; bei Anwendung dieses Schemas muss bei Gemengelagen zugunsten der Strafverfolgung entschieden worden sein!

Anlage 2: Ablauf des Strafverfahrens

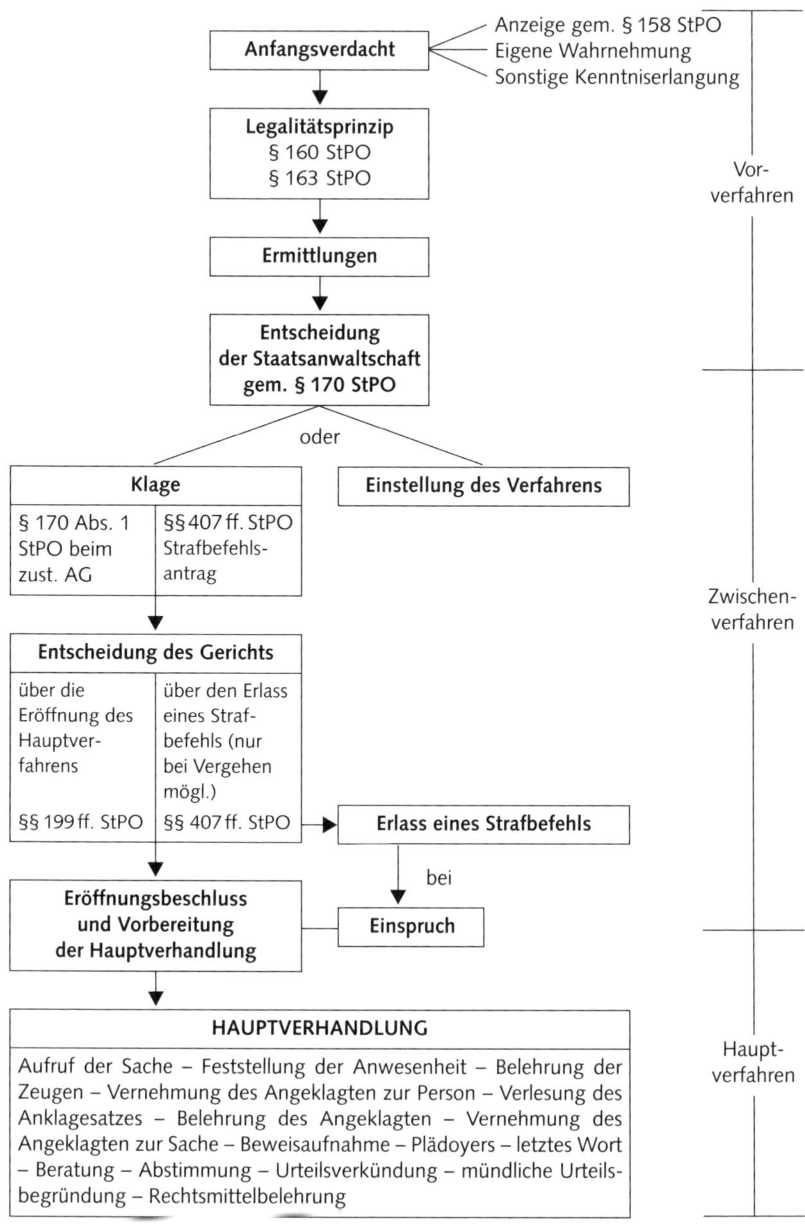